HISTORIA
POLSKI

DLA DZIECI

Piotr Skurzyński

HISTORIA POLSKI

DLA DZIECI

zilustrował
Marek Szyszko

WYDAWNICTWO PODSIEDLIK-RANIOWSKI I SPÓŁKA
założone w 1990 roku
Maciej Czechowicz, Piotr Podsiedlik, Krzysztof Raniowski, Michał Stecki

Wydawca oświadcza, iż dołożył należytej staranności celem poszanowania
praw autorskich twórców poszczególnych ilustracji (fotografii),
z uwzględnieniem możliwości dozwolonego użytku publicznego
oraz zasady prezentacji nazwisk i dzieł w końcowej części publikacji.
W razie jakichkolwiek uwag prosimy o kontakt z działem
gromadzenia zbiorów wydawnictwa.

Tekst
Piotr Skurzyński

Ilustracje
Marek Szyszko

Fotografie i mapy
zob. spis ilustracji

Konsultacja naukowa
prof. dr hab. Zygmunt Boras

Redakcja
Aleksandra Dressler,
Anna Sójka-Leszczyńska

Projekt graficzny
Anna Cięciel-Łukaszewska,
Hanna Polkowska

Korekta
Joanna Jaskuła, Małgorzata Matuszewska,
Eleonora Mierzyńska-Iwanowska

ISBN 83-7341-176-3
ISBN 83-7341-319-7
Podsiedlik-Raniowski i Spółka S.A.
61-003 Poznań
ul. Chlebowa 24
tel. (0-61) 652 92 52, fax (0-61) 652 92 00
e-mail: office@priska.com.pl
www.priska.com.pl

SPIS TREŚCI

CO TO JEST HISTORIA?

Historia opowiada o tym, co wydarzyło się w przeszłości. Historia Polski wyjaśnia, jak powstało nasze państwo, jak się rozwijało, czym zajmowali się jego mieszkańcy, w co wierzyli oraz z kim i dlaczego walczyli. Historia uczy także miłości do ojczyzny, czyli patriotyzmu, ponieważ opowiada o bohaterskich czynach naszych przodków. Wspólne dzieje jednoczyły Polaków. Pozwalały im przetrwać wojny, niewole i prześladowania.

Przeszłość dzieli się na prehistorię, czyli czasy, w których ludzie nie znali sztuki pisania, oraz na czasy historyczne, gdy zaczęto spisywać wydarzenia.

Prehistoria obejmuje epoki: kamienia, brązu i żelaza.

Czasy historyczne dzielą się na: starożytność (dzieje pierwszych państw), średniowiecze (czas rycerzy) oraz epokę nowożytną, trwającą po dzień dzisiejszy (okres wielkich odkryć geograficznych, rozwoju nauki i przemysłu).

▼ *Dzięki pracy archeologów poznajemy przeszłość nie zapisaną w księgach. Wykopują oni stare przedmioty i wyjaśniają, do czego służyły, a także ile liczą lat. Nawet z niepozornych śladów potrafią odtworzyć wygląd znaleziska.*

A TO CIEKAWE
Pierwsze wykopaliska w Polsce zorganizował król Władysław Jagiełło, by przekonać pewnego księcia, iż „polska ziemia sama rodzi garnki". Ludzie króla wykopali kilkanaście urn*.

SZKICOWNIK

M. SZYSZKO 00r.

◀ *Legendy i podania opowiadają o dawnych czasach. Niekiedy zawierają cząstkę prawdy. Jedna z nich mówi o trzech braciach: Lechu, Czechu i Rusie. Lech założył gród wokół dębu, na którym zobaczył gniazdo orła. Tak, według legendy, powstało Gniezno.*

KIM BYŁ
Joachim Lelewel (1786-1861), polityk i historyk, wszechstronnie badał dzieje naszego kraju. Autor książek, które przyczyniły się do większego zainteresowania historią Polski.

ARCHEOLOG

ŁOPATKA
ARCHEOLOGICZNA

PĘDZELEK
– służy do usuwania piasku z odkopywanych przedmiotów

Wiele tajemnic przeszłości ujawniają stare kroniki. Spisano w nich dzieje od najdawniejszych po te, które wydarzyły się za życia ich autorów.

Przedmioty nie mające dużej wartości zachowały się do naszych czasów dlatego, że uznano je za cenne pamiątki po przodkach.

*urna – gliniane naczynie, w którym przechowywano prochy zmarłych

▼Mieszkańcy ziem polskich poznali pismo dopiero w X-XI w.

PREHISTORIA | HISTORIA

7

W POMROCE DZIEJÓW

Bardzo dawno temu, gdy następowało ochłodzenie klimatu, na tereny dzisiejszej Polski nasuwał się z północy lodowiec. W okresie między kolejnymi zlodowaceniami, około 450 tysięcy lat temu, nad Wisłę przywędrowali z południa pierwsi praludzie, zwani pitekantropami. Mieszkali w jaskiniach, okrywali się skórami i używali narzędzi z kamienia.

Z biegiem lat nauczyli się lepić naczynia, wygładzać kamienne narzędzia, a także tkać ubrania.

Z jaskiń przenieśli się do szałasów i zaczęli hodować zwierzęta – świnie, bydło, psy (które również zjadali).

Kiedy uprawa ziemi stała się najważniejszym zajęciem ludzi, obok pól wznoszono stałe osady. W każdej mieszkał jeden ród*.

Kilka rodów mówiących tym samym językiem i zamieszkujących wspólny obszar tworzyło plemię.

Około 1800 lat p.n.e. nasi przodkowie zaczęli wyrabiać narzędzia z brązu**. Zapoczątkowało to epokę brązu.

STEMPEL – pień drzewa podpierający strop; chronił przed zawaleniem

KAMIENNY MŁOT

▲ W okresie zlodowaceń trudno było o drewno, dlatego chaty budowano z kości i skór zwierząt.

KIM BYŁ
Pitekantrop *(ok. 1,5 mln – ok. 250 tys. lat temu) – przodek człowieka. Żył w gromadzie, potrafił rozpalać ogień, chodził wyprostowany. Przypuszczalnie nie umiał mówić.*

CO TO ZNACZY
Za 1 rok naszej ery (w skrócie: n.e.) uważa się rok narodzin Chrystusa. O wszystkim, co wydarzyło się wcześniej, mówimy, że miało miejsce przed naszą erą (w skrócie: p.n.e.).

3 p.n.e.   2 p.n.e.   1 p.n.e.   1 n.e.   2 n.e.   3 n.e.

Po 1 roku p.n.e. nie było roku zerowego. Następował 1 rok n.e.

▼ W Górach Świętokrzyskich działała największa na świecie kopalnia krzemienia. Przez dwa tysiące lat dawni górnicy wydrążyli ponad tysiąc szybów. Rozpalali w nich ogień i polewali rozgrzaną skałę wodą, a gdy ta pękała, z łatwością ją odłupywali.

Jedną z najstarszych znanych osad na ziemiach polskich jest Biskupin, zbudowany około 730 lat p.n.e. Liczył 100 domów otoczonych palisadą. Zamieszkiwało go około 1200 osób.

Kujawskie „groby wielkoludów" kryją ludzkie szczątki sprzed trzech tysięcy lat. Usypane z ziemi kopce nazywa się polskimi piramidami. Największy liczył 160 m długości i aż 10 m wysokości.

*ród – grupa ludzi spokrewnionych ze sobą
**brąz – miękki, łatwy do uzyskania stop miedzi i cyny

RÓG ŁOSIA – służył do wygarniania drobnego urobku

LAMPA – palono w niej tłuszcz zwierzęcy, dający jasny płomień

▶ Nasi praprzodkowie polowali na nosorożce włochate, wielkie jelenie, tury, niedźwiedzie jaskiniowe, a także na mamuty.

WĘDRÓWKI LUDÓW

Działo się to od **V w. p.n.e.** do **V w. n.e.**

KURHAN

STELLA

BERŁO SZTYLETOWE
– oznaka wodza plemiennego

OFIARA – dar składany bogom

M. SZYSZKO

▲ *Germanie i Celtowie przybyli na ziemie polskie podczas wędrówek ludów. Chowali swoich zmarłych w kurhanach – kopcach z ziemi, na których ustawiano pionowo głazy – stelle. W dużych kamiennych kręgach czcili bogów, odbywali sądy i ważne spotkania.*

Najazd scytyjskich koczowników* na środkową Europę rozpoczął wielkie wędrówki ludów. Prasłowianie**, mieszkający od tysiąca lat nad środkową Wisłą, uciekali przed Scytami. Dotarli nad Odrę i Bałtyk. Z południa przywędrowały nieliczne plemiona Germanów oraz Celtów. Zajęły Górny Śląsk. Na początku naszej ery przypłynęli ze Skandynawii Goci i Gepidowie. Osiedlili się na Pomorzu i mieszkali tu przez 200 lat. Obce plemiona albo zżyły się z Pra-

▲ *Dawno temu w Górach Świętokrzyskich i w okolicach dzisiejszej Warszawy działały ośrodki hutnicze. Liczyły po kilka tysięcy dymarek – prostych pieców bez komina, w których wytapiano żelazo.*

słowianami, przejmując ich zwyczaje i język, albo odeszły na południe.

W okresie wielkich wędrówek ludy zamieszkujące nasze ziemie nauczyły się wytapiać żelazo.

Nad Bałtyk docierali kupcy z Rzymu. Przywozili ozdoby, broń i wiadomości o swoim bogatym mieście i o świecie. Przybywali tu do V wieku*** naszej ery, kiedy koczowniczy lud Hunów przejściowo opanował obszar południowej Polski.

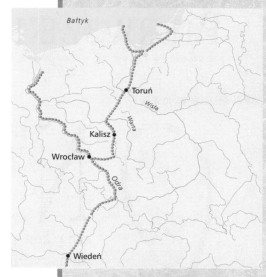

CO TO ZNACZY
Wędrówki ludów – *wędrówki plemion szukających miejsca, gdzie można by bezpiecznie osiąść.*

A TO CIEKAWE
Prasłowianie prowadzili handel wymienny, czyli wymieniali towar za towar. Rolę pieniądza spełniały czasem tzw. płacidła: sztaby brązu, muszle, paciorki i bryły soli.

Najstarszy polski trakt handlowy zwano Szlakiem Bursztynowym. Przybywali nim po bursztyn kupcy z południa. Na wymianę przywozili narzędzia z metalu i cenną sól.

KIM BYLI
Według rzymskich historyków przodkami Polaków byli **Wenedowie**. *Lud ten wywodził się z plemion prasłowiańskich.*

Prasłowianie mieszkający na Pomorzu palili ciała zmarłych, a prochy zakopywali w urnach, na których zaznaczano twarz zmarłego.

*koczownicy – ludy wędrowne zajmujące się głównie hodowlą
**Prasłowianie – przodkowie Słowian
***wiek – 100 lat; historycy podzielili przeszłość na wieki, oznaczając je liczbami rzymskimi (np. trzeci wiek: III).

PIERWSZE PAŃSTWA

Działo się to od **VI** do **X w.**

KIM BYŁ

Krak – według legendy założyciel Krakowa i bohater opowieści o smoku wawelskim. Wzorem tej postaci mógł być prawdziwy książę Wiślan o imieniu Kruk, żyjący w VIII w.

▲ „W Wiślech siedział książę silny wielce" – według opowieści z IX w. państwo Wiślan było rozległe i bogate, o czym świadczy znaleziony na Wawelu cenny wisior.

Najazdy koczowników: Hunów, a później Awarów sprawiły, że małe plemiona prapolskie łączyły się, aby wspólnie bronić swych ziem. Powstało siedem związków plemiennych. Władający nimi naczelnicy z biegiem lat zostali książętami. Najsilniejsze związki – Polan na północy i Wiślan na południu – podporządkowały sobie sąsiadów. Bezpieczeństwo mieszkańcom obu państw zapewniały liczne warowne grody. Podczas wojen chroniła się w nich ludność z okolicznych wsi.

Dzięki położeniu u zbiegu bogatych szlaków handlowych szybciej rozwijał się kraj Wiślan. Do 880 roku został jednak podbity przez Świętopełka – księcia sąsiedniego Państwa Wielkomorawskiego. Morawianie zniszczyli większe grody, siłą ochrzcili starszyznę* i nakazali jej wznieść pierwsze kościoły. Kiedy Wielkie Morawy rozpadły się na mniejsze państwa, kraj Wiślan znalazł się pod panowaniem Czech.

DWORZYSZCZE – okazała drewniana budowla, w której mieszkał książę

OZDOBY Z KOŚCI – równie popularne jak droga biżuteria srebrna i tańsza – z brązu

◀ Gród otaczał wysoki i stromy wał usypany z ziemi. Wzmacniano go na szczycie palisadą, a czasem też okładano kamieniami.

CO TO ZNACZY

Wiec – zgromadzenie wolnych, pełnoletnich mężczyzn, którzy wspólnie decydowali o losie plemienia i wyborze księcia.

▼ Książę plemienny przewodniczył wiecom, miał pieczę nad skarbem plemiennym, a w czasie wojny był głównym wodzem. Utrzymywał się z darów starszyzny i danin** podbitych ludów. Przysługiwał mu również największy udział w łupach wojennych.

Przybliżone granice pierwszych państw u schyłku IX w.

Wiślanie chowali zmarłych władców w wyniosłych kopcach. Najbardziej znane są kopce legendarnych postaci: Kraka i Wandy.

*starszyzna – naczelnicy rodów i małych plemion
**danina – obowiązkowe świadczenie (w naturze lub pieniądzach) na rzecz panującego

KSIĄŻĘCE MAŁŻONKI – pogański książę mógł mieć kilka żon

Narodziny państwa polskiego

Działo się to w latach **960-1000**

W 966 roku książę Mieszko I postanowił przyjąć chrzest. Chrzest zrównał go z innymi władcami chrześcijańskimi (teraz mógł liczyć na pomoc papieża w sporach z Niemcami) i umożliwił kontakty z katolicką Europą. Duchowni pomagali księciu w zarządzaniu państwem oraz prowadzili jego kancelarię*. Sprowadzali do Polski księgi i sami je pisali.

Wzrost potęgi umożliwił Mieszkowi opanowanie większości ziem wchodzących w skład dzisiejszej Polski.

W kilka lat po objęciu władzy przez jego syna – Bolesława Chrobrego** odbył się słynny zjazd gnieźnieński: w roku 1000 do grobu św. Wojciecha przybył z pielgrzymką cesarz Otton III i uznał Chrobrego za niezależnego, równego sobie władcę.

KIM BYŁ
Św. Wojciech (ok. 956-997), czeski biskup z książęcego rodu, zabity przez pogańskich Prusów podczas misji, którą popierał Bolesław Chrobry. W 999 r. uznano go za świętego oraz patrona Polski.

BISKUP – Mieszka I prawdopodobnie ochrzcił biskup misyjny Jordan

DZBAN – służył do polewania głowy wodą podczas chrztu

KOSZULA – skromna, lniana

CHRZCIELNICA – książę musiał zanurzyć się w wodzie święconej

◀ *Siła Piastów opierała się na licznych, dobrze uzbrojonych drużynnikach – pieszych i konnych wojach.*

KIM BYŁ

Mieszko I *(ok. 935-992), pierwszy historyczny władca Polski. Panował od roku 960. Należał do dynastii*** Piastów. Przyjął chrzest i wzmocnił władzę książęcą. W 972 r. pokonał pod Cedynią silne wojska margrabiego niemieckiego Hodona.*

▶ *Na zjeździe w Gnieźnie (w roku 1000) Otton III podarował Chrobremu kopię włóczni św. Maurycego. Była ona oznaką władzy cesarza.*

◀ *Nie wiadomo, gdzie Mieszko I przyjął chrzest: w Ratyzbonie czy na Ostrowie Lednickim koło Poznania. Musiała to być jednak uroczystość pełna przepychu, która miała zachęcić poddanych do pójścia w ślady księcia.*

M. Syszko

A TO CIEKAWE

Nazwy: Polacy i Polska wywodzą się prawdopodobnie od Polan. Pojawiają się na początku XI w. Wcześniej naszych przodków zwano Lechitami – od Lecha, legendarnego założyciela państwa Polan. Symbolem rodowym Piastów – pierwszej polskiej dynastii – był biały orzeł.

Państwo Mieszka I, ziemie odziedziczone po przodkach i przyłączone do 992 r.

Od czasów Mieszka najważniejszym grodem Piastów było Gniezno, które składało się z siedziby księcia, grodu właściwego i dwóch podgrodzi.

*kancelaria
– w średniowieczu urząd zajmujący się sprawami państwowymi
**Chrobry – mężny, dzielny
***dynastia – rodzina panująca; władcy należący do tego samego rodu

CO TO ZNACZY

Margrabiowie – władcy niemieckich księstw przygranicznych; aby je powiększyć, dążyli do opanowania ziem polskich.

CHROBRY, SILNY, WIELKI

Działo się to w latach **1002-1025**

Bolesław Chrobry stale rozszerzał granice swego kraju. Sprawił, że Polska stała się jednym z najważniejszych państw Europy. Długo wojował z władcą Niemiec Henrykiem II, który chciał podporządkować sobie Polskę. W trakcie walk Chrobry utracił Czechy (w których przejściowo panował) oraz Pomorze Zachodnie. Udało mu się jednak powiększyć państwo o Milsko i Łużyce. Książę był zdolnym dowódcą i politykiem. Umiał zyskiwać sojuszników – gdy w 1018 roku ruszył na Kijów, by przywrócić ruski tron swemu zięciowi, pomagali mu Węgrzy i Niemcy. W drodze powrotnej przyłączył Grody Czerwieńskie.

Chociaż wzrastał dobrobyt kraju, ludność nie była zadowolona. Możnowładcom doskwierała silna władza księcia, chłopi protestowali przeciw coraz większym daninom. Zaczęli buntować się także zwolennicy dawnych wierzeń, ponieważ Chrobry przemocą utrwalał chrześcijaństwo, np. kazał wybijać zęby osobom łamiącym post.

W 1025 roku Bolesław został koronowany. Wkrótce potem zmarł.

> **A TO CIEKAWE**
> *Według legendy Chrobry po zdobyciu Kijowa wyszczerbił swój miecz, uderzając nim w Złotą Bramę. Tymczasem ani brama, ani miecz zwany Szczerbcem w tym czasie jeszcze nie istniały.*

▼ *Polacy umiejętnie odpierali ataki cesarza Niemiec, broniąc się na linii umocnień i unikając bitew w otwartym polu.*

16

KIM BYŁ
Bolesław Chrobry (ok. 967-1025), *pierwszy król Polski, syn Mieszka I i księżniczki czeskiej Dobrawy, jeden z najwybitniejszych władców.*

▼ *Koronacja pierwszego króla odbyła się w 1025 r. Prawdopodobnie dokonano jej diademem cesarskim, podarowanym Chrobremu w roku 1000 przez Ottona III.*

Państwo Bolesława Chrobrego około roku 1025.

„Złoto za czasów Chrobrego było tak pospolite u wszystkich, jak dziś srebro, srebro zaś było tanie jak słoma" – pisał o państwie Bolesława kronikarz Gall Anonim.

ARCYBISKUP – zwierzchnik biskupów; koronował króla

KORONA – symbol władzy, wraz z włócznią i jabłkiem królewskim należała do polskich insygniów koronacyjnych

WŁÓCZNIA ŚW. MAURYCEGO – oznaczała siłę wojskową

Za panowania Chrobrego zbudowano wiele kościołów. Były to zwykle budynki drewniane albo maleńkie rotundy – okrągłe kościoły z kamienia.

ZAŁAMANIE POTĘGI

Działo się to w latach **1025-1056**

▲ *Mieszko II cenił księgi i był pierwszym w historii Polakiem, który miał prywatną bibliotekę.*

P o śmierci Bolesława Chrobrego królem został jego syn, Mieszko II. Po kilku latach pomyślnego panowania nadszedł trudny okres. Władcy Niemiec i Rusi sprzymierzyli się przeciwko Mieszkowi i w 1031 roku wspólnie najechali Polskę, zagarniając Grody Czerwieńskie, Milsko i Łużyce. Wówczas możnowładcy zmusili króla do oddania władzy przyrodniemu bratu Bezprymowi. Wkrótce, niezadowoleni z rządów, zamordowali go.

Po śmierci Bezpryma Mieszko II odzyskał tron, ale musiał zrzec się korony królewskiej i uznać zwierzchnictwo cesarza.

Kazimierz Odnowiciel, syn Mieszka II, stłumił bunt możnowładcy Masława. Był księciem od roku 1034. W czasie swego panowania odbudował państwo.

A TO CIEKAWE
Rozwój chrześcijaństwa spowodował w XI w. zniesienie niewolnictwa. Wcześniej niewolnikami, zmuszanymi do ciężkich prac, byli jeńcy wojenni oraz ich potomkowie.

EREM – dom, w którym zakonnik wiódł samotne życie

◀ *Mimo wielu lat chrystianizacji część mieszkańców Polski nadal wierzyła w pogańskich bogów. Szczególną czcią otaczano Światowida.*

M. SZYSZKO 00

KIM BYŁA
Rycheza (989-1063), wnuczka cesarza Ottona II, żona Mieszka II. Skłoniła władców Niemiec, by pomogli jej synowi Kazimierzowi Odnowicielowi objąć rządy w Polsce.

▼ *W 1037 r. wybuchł bunt chłopów i niewolników. Niszczono siedziby możnych i kościoły. Wielu powstańców chciało przywrócić pogaństwo.*

CO TO ZNACZY
Zwierzchność cesarza – *cesarz uważał księcia za poddanego, pobierał od niego daninę oraz wymagał pomocy w czasie wojny.*

W 1038 r. książę czeski Brzetysław złupił Polskę i zagarnął Śląsk. Na przeszło 100 wozach wywiózł do Czech ogromne łupy, w tym relikwie św. Wojciecha.

TOPÓR – do XI w., obok włóczni, podstawowa broń

Kazimierz Odnowiciel główną siedzibą władcy uczynił Kraków (1039). Miasto to najmniej ucierpiało w wyniku najazdów i rozruchów.

BABA – pogański bożek

KIM BYŁ
Mieszko II Lambert *(990-1034), wykształcony władca – znał cztery języki, potrafił pisać i czytać. W młodości z powodzeniem wojował z Niemcami, w 1032 r. zrzekł się korony królewskiej.*

ZBYT WOJOWNICZY WŁADCA

Działo się to w latach **1058-1101**

olesław Śmiały, syn Kazimierza Odnowiciela, chciał uniezależnić Polskę od Niemiec. W sporze pomiędzy cesarzem niemieckim Henrykiem IV i papieżem Grzegorzem VII o zwierzchność nad światem chrześcijańskim poparł papieża. Walczył ze sprzyjającymi cesarzowi Czechami, a gdy Henryk IV postanowił najechać Rzym, zagroził mu zbrojnie. W nagrodę otrzymał od papieża koronę królewską.

Bolesław prowadził bezustanne walki. Wyprawiał się na Ruś i Węgry, próbował zdobyć Pomorze Zachodnie. Tymczasem dawni drużynnicy stali się feudałami. Woleli doglądać swoich włości, niż brać udział w długich i niebezpiecznych wyprawach. Zbuntowali się przeciw wojowniczemu królowi i w 1079 roku wygnali go z kraju. Rządy w Polsce objął brat Bolesława Śmiałego – Władysław Herman, po nim zaś przejęli władzę jego synowie.

> **A TO CIEKAWE**
> *Dawniej „śmiałym" określano zarówno człowieka odważnego, jak i działającego pochopnie. Taki był król Bolesław. Na przykład ścigając Pomorzan, rozkazał przepłynąć wojsku przez rzekę. Wielu rycerzy utonęło.*

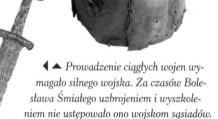

◀▲ *Prowadzenie ciągłych wojen wymagało silnego wojska. Za czasów Bolesława Śmiałego uzbrojeniem i wyszkoleniem nie ustępowało ono wojskom sąsiadów.*

> **CO TO ZNACZY**
> **Feudał** – rycerz posiadający ziemię, który na własny koszt musiał się uzbroić i stawić na każde wezwanie władcy.

▼ *Według legendy Bolesław Śmiały nie zginął, tylko zasnął ze swym wojskiem w tatrzańskiej jaskini. Gdy nadejdzie pora, król się przebudzi i zaprowadzi w Polsce sprawiedliwe rządy.*

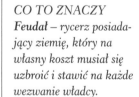

KIM BYŁ
Bolesław Śmiały (ok. 1040-1081), książę, a od 1076 r. król Polski, zwany także Szczodrym. Wygnany z kraju, schronił się na Węgrzech, gdzie przypuszczalnie został zamordowany.

STRAŻ PRZYBOCZNA
– strzegła króla i wykonywała
jego rozkazy

PASTORAŁ – oznaka
godności biskupiej

ZBROJA KOLCZA

M. SZYSZKO

Bolesław Śmiały dbał o rozwój Kościoła. Odbudował katedrę gnieźnieńską, ustanowił nowe biskupstwo w Płocku, ufundował klasztory w Mogilnie i Lubiniu.

XI-wieczni władcy Polski mieszkali w murowanych, wielkich palatiach – pałacach połączonych z owalnymi rotundami.

*palatyn – wojewoda, zarządca dworu panującego, zastępca księcia i dowódca jego wojsk

▲ Biskup krakowski Stanisław prawdopodobnie przewodził feudałom sprzeciwiającym się Śmiałemu. Król skazał go na śmierć. Wywołało to bunt możnych.

KIM BYŁ
Władysław Herman (ok. 1043--1102), nieudolny brat Bolesława Śmiałego. Kiedy objął po nim władzę, uznał zwierzchnictwo cesarza. W imieniu księcia krajem rządziła jego żona Judyta i palatyn* Sieciech.

W STRONĘ BAŁTYKU

Działo się to w latach **1102-1135**

S ynowie Władysława Hermana na początku wspólnie rządzili krajem: na północy starszy Zbigniew, a na południu Bolesław zwany Krzywoustym. Wkrótce jednak bracia pokłócili się. Cesarz Henryk V poparł Zbigniewa. W 1109 roku najechał Polskę. Natrafił na silny opór całego narodu. Zasłynęli zwłaszcza obrońcy Głogowa. Nie wahali się strzelać do machin oblężniczych, do których przywiązano polskich jeńców – ich bliskich i przyjaciół. Pokonany cesarz musiał się wycofać, a Krzywousty został suwerennym* władcą. Kilkanaście lat walczył Bolesław z Pomorzanami. W 1119 roku opanował bogatą ziemię gdańską, a w roku 1124 książęta Szczecina i Rugii złożyli mu hołd lenny.

▲ Na Psim Polu pod Wrocławiem Krzywousty rozbił znaczny niemiecki oddział, który odłączył się od głównych sił cesarza. Swą nazwę miejsce to zawdzięcza temu, że trupy cesarskich żołnierzy zostały rozwłóczone przez psy.

▼ Piastowie dążyli do opanowania Pomorza Zachodniego, ponieważ stanowiło ono zaporę przed Niemcami i było bardzo bogate. Pomorzanie zajmowali się handlem morskim, warzeniem soli ze słonych źródeł i sprzedażą bursztynu.

A TO CIEKAWE
Synowie Władysława Hermana byli pierwszymi Polakami pasowanymi na rycerzy zgodnie z europejską modą. W dniu swojego pasowania liczący 15 lat Bolesław odparł najazd Pomorzan.

SYGNAŁ DYMNY
– informował osadę o nadpływającym statku

▶ W czasach Krzywoustego obrońcy grodów używali do odparcia ataku nowoczesnych machin wojennych: kusz i katapult miotających wielkie strzały, belki oraz kamienie.

KIM BYŁ

Bolesław Krzywousty (ok. 1085 lub 1086-1138), waleczny książę, od dziecka przygotowywany do dowodzenia. Przyłączył do Polski całe Pomorze. W testamencie podzielił kraj między synów.

KIM BYŁ

Piotr Włostowic (?-1153), palatyn Bolesława Krzywoustego i jego syna – Władysława Wygnańca, posiadacz legendarnych bogactw.

W I poł. XII w. przybywało kościołów. Jako pokutę za grzechy wznosili je nie tylko władcy, ale i rycerze. Ponoć Piotr Włostowic sam ufundował aż 70 świątyń.

Za czasów Bolesława Krzywoustego powstała pisana piękną łaciną Kronika opowiadająca dzieje Polski. Jej autora – mnicha, który prawdopodobnie pochodził z Francji – zwiemy Gallem Anonimem.

STRAŻNIK – pilnował, by zbieracze oddawali bursztyn księciu

DRAKKAR – wysmukła łódź skandynawskich wikingów oraz kupców

WARZELNIA – po wyparowaniu wody sól zeskrobywano z dna misy

*suwerenny – niezależny, nie podlegający żadnemu zwierzchnictwu

CO TO ZNACZY
Hołd lenny – polegał na tym, że rycerz (lub książę) oddawał się w opiekę silniejszego władcy i zobowiązywał się wiernie mu służyć.

POCZĄTEK ROZBICIA DZIELNICOWEGO

Działo się to w latach **1138-1200**

STOLEC – tron księcia z wysokimi, rzeźbionymi oparciami

KOLUMNA ROMAŃSKA – zdobiona płaskorzeźbami, wspierała strop

OPONY – tkaniny zakrywające ściany, dekorowały ponure komnaty

M. SZYSZKO 00.

Bolesław Krzywousty w 1138 roku spisał testament, w którym podzielił ziemie polskie między swoich synów. Najstarszemu – seniorowi – powierzył opiekę i zwierzchnictwo nad braćmi i krajem. Rozpoczął się okres rozbicia dzielnicowego. Trwał on do roku 1320.

Pierwszego seniora, Władysława Wygnańca, bracia wypędzili z kraju. Kolejny senior, Bolesław Kędzierzawy, musiał złożyć hołd cesarzowi, ale utrzymał władzę nad całym krajem. Po jego śmierci zamiast najstarszego z Piastów, Bolesława Wysokiego (syna Władysława Wygnańca), książęta powołali na tron krakowski Mieszka Starego z Wielkopolski.

▲ *W roku 1177 panowie małopolscy wypędzili z Krakowa Mieszka Starego, oddając rządy Kazimierzowi Sprawiedliwemu. Później feudałowie często zmieniali władców, wybierając takich, którzy hojnie ich nagradzali i nadawali nowe przywileje*.*

A TO CIEKAWE

Jeden z książąt piastowskich – Bolesław Wysoki, wojując we Włoszech u boku cesarza, został wyzwany na pojedynek przez olbrzymiego Włocha. Piast obalił przeciwnika w pierwszym starciu, zyskując wielką sławę.

Podział państwa Krzywoustego.
W testamencie nie uwzględniono najmłod-
szego z synów, Kazimierza Sprawiedliwe-
go, ponieważ urodził się po śmierci ojca.

KIM BYŁ

Władysław Wygnaniec (1105-1159),
pierwszy senior. W 1146 r. usiłował
podporządkować sobie dzielnice braci,
ale został przez nich pokonany i wygnany
z kraju. Zmarł na obczyźnie.

KIM BYŁ

Leszek Biały (1186 lub 1187-1227),
syn Kazimierza Sprawiedliwego; ostatni
książę z racji władania w Krakowie
uznawany za seniora. Został zamordowa-
ny, kiedy próbował pogodzić zwaśnionych
krewniaków.

Za rządów Mieszka Starego odlano
z brązu wspaniałe Drzwi Gnieźnieńskie,
na których przedstawiono sceny z życia
św. Wojciecha.

▼*Bolesław Kędzierzawy chciał podbić*
i nawrócić pogańskich Prusów.
W walkach zginął jego brat, Henryk
Sandomierski.

W 1181 r. Polska utraciła Pomorze
Zachodnie. Kiedy zaatakowali je Duń-
czycy, władca Szczecina, nie mogąc
uzyskać pomocy od skłóconych Piastów,
oddał się pod opiekę cesarza.

*przywileje – prawa i korzyści
przysługujące tylko pewnej grupie
ludzi, np. szlachcie

HENRYKOWIE ŚLĄSCY

Działo się to w latach **1201-1241**

Henryk Brodaty władał bogatym Śląskiem. Chciał zjednoczyć kraj. Scalił pod swymi rządami ponad połowę dawnej Polski, zajmując kolejne dzielnice siłą lub wykupując je od innych książąt. Zwyciężył w wojnie o Kraków, którą toczył z największym rywalem, Konradem Mazowieckim. Surowo rozprawił się z feudałami i biskupami sprzeciwiającymi się jego panowaniu, za co został ekskomunikowany*.

Dzieło ojca kontynuował Henryk Pobożny. Planował on nawet koronację.

Pełnemu zjednoczeniu Polski przeszkodził w 1241 roku niszczycielski najazd Mongołów. Były to dzikie ludy przybyłe z Azji. Zwano je u nas Tatarami. Mongołowie spustoszyli kraj, a mieszkańców wymordowali lub uczynili niewolnikami. W bitwie pod Legnicą (1241) poległ książę Henryk Pobożny. Jego rozległe państwo zostało podzielone pomiędzy spadkobierców oraz lenników.

A TO CIEKAWE
Przydomek Henryka – Brodaty – wziął się stąd, że książę, na znak złożonych ślubów czystości, wbrew ówczesnej modzie zapuścił długą brodę.

MITRA – czapka książęca z otokiem w kształcie korony

AKT LOKACJI – zawierał prawa i obowiązki mieszkańców wsi

TARCZKA HERBOWA – z orłem, świadczyła o przynależności do rodu Piastów

KIM BYŁ
Wincenty Kadłubek *(ok. 1150-1223), biskup krakowski, pierwszy kronikarz – Polak. W swojej Kronice spisał zarówno prawdziwe wydarzenia, jak i legendy.*

▲ *Rycerstwo polskie nie dorównywało w walce słabiej uzbrojonym, lecz zwrotnym i szybkim Mongołom. Powszechny strach budziły okrutne obyczaje najeźdźców. W czasie bitwy pod Legnicą Mongołowie pokazywali obrońcom miasta odciętą głowę księcia Henryka Pobożnego.*

KIM BYŁ
Henryk Brodaty (ok. 1163-1238), *książę ziem śląskich. Dbał o rozwój swego księstwa, zakładał szkoły, uchwalił pierwsze w Polsce prawo górnicze.*

CO TO ZNACZY
Zasadźca – *organizator nowej wsi; zawierał umowę z księciem, sprowadzał osadników; zwykle zostawał później sołtysem.*

Państwo Henryków, ziemie Konrada Mazowieckiego oraz szlak najazdu Mongołów.

W 1226 r. Konrad Mazowiecki sprowadził na ziemię chełmińską zakon krzyżacki. Zlecił mu obronę Mazowsza przed Prusami oraz nawracanie pogan.

Żona Henryka Brodatego, Jadwiga, ofiarnie pomagała ubogim i trędowatym, ufundowała też klasztor w Trzebnicy. Została uznana za świętą.

KARCZUNEK
– oczyszczanie terenu
z drzew i pni

▲ *Henryk Brodaty dbał o gospodarczy rozwój Śląska. Popierał budowę kopalń srebra i złota. Założył wiele nowych wsi, do których sprowadzał osadników z Niemiec – do przyjazdu zachęcał ich zwolnieniami z podatku.*

*ekskomunika – wyłączenie ze społeczności Kościoła

JAK TO MIĘDZY KSIĄŻĘTAMI

Działo się to w latach **1242-1296**

W połowie XIII wieku Polska dzieliła się na 16 dzielnic. Władza książąt malała, rządzili silniejsi, nie przestrzegano praw, na drogach grasowali zbójcy. Z osłabienia Piastów korzystali sąsiedzi. Krzyżacy usamodzielnili się, budując własne państwo. Brandenburczycy zajęli pogranicze Wielkopolski i utworzyli Nową Marchię. Tatarzy ponownie najechali kraj i spalili Kraków, którego nikt nie bronił. Dopiero ich trzeci najazd odparł książę Leszek Czarny.

Wielu książąt umarło bezpotomnie, co umożliwiło scalenie Małopolski i Wielkopolski. Władca tej ostatniej, Przemysł II, zawarł umowę z kilkoma Piastami, że ten z nich, który przeżyje, obejmie ziemie pozostałych. W 1295 roku Przemysł II koronował się na króla. Rok później został zamordowany na zlecenie Brandenburczyków.

◀ *Książęta dzielnicowi starali się przydać swoim maleńkim dworom królewskiego przepychu. Świadczą o tym zachowane cenne przedmioty.*

▼ *W II poł. XIII w. przyjmował się w Polsce obyczaj rycerski. Modne, zwłaszcza na Śląsku, stały się turnieje. Stwarzały one okazję do ćwiczeń rycerskich i przyciągały tłumy.*

▲ *W XIII w. na miejscu dawnych grodów lokowano (zakładano) na prawie niemieckim nowe miasta. Miały zwartą zabudowę, ulice o szachownicowym układzie, a pośrodku duży rynek z ratuszem.*

KIM BYŁ

Przemysł II (1257-1296), książę wielkopolski. Pragnął zjednoczyć Polskę pod swoim berłem. Toczył długoletnie wojny z krewniakami o panowanie w Wielkopolsce i w Krakowie.

Najazdy Tatarów i Brandenburczyków spowodowały, że miasta zaczęto otaczać murami, które dodatkowo wzmacniano wieżami i basztami.

Symbolem książęcej pozycji był bogato zdobiony diadem*, czyli mała korona. Z dwóch diademów należących do książąt małopolskich w XV w. powstał ten krzyż.

*diadem – ozdobna obręcz ze szlachetnego metalu; oznaka władzy książęcej

CO TO ZNACZY

Lokacja – ustanowienie przez księcia praw nowego miasta lub wsi, wytyczenie granic miejscowości oraz ustalenie wysokości podatku, jaki miała płacić.

WIENIEC – symboliczna nagroda, którą dama serca wręczała zwycięzcy

KOPIA – na turniejach z tępym, na wojnie z ostrym grotem

KROPIERZ – chronił konia, malowano na nim herby i zawołania rycerskie

LUTNISTA – sławił pieśnią bohaterskie czyny rycerzy

KOWAL – potrafił uwolnić rycerza ze zbroi pogiętej w walce

PRZYWRÓCENIE KRÓLESTWA

Działo się to w latach **1296-1329**

▲ *Krzyżacy przybyli w 1308 r. do Gdańska za zgodą Łokietka, by bronić miasta przed Brandenburczykami. W 1309 r. zakonnicy wygnali polską załogę i wymordowali mieszczan.*

◀ *Rycerz z czasów Łokietka, w hełmie garnczkowym i zbroi kolczej.*

Zgodnie z umowami o dziedziczeniu dzielnice Przemysła II winny przypaść Władysławowi Łokietkowi. Zagarnął je jednak czeski monarcha Wacław II. Otaczał się on Niemcami, którym rozdał wiele urzędów, czym zraził do siebie polskich feudałów. Po śmierci Wacława możni wybrali na władcę Łokietka.

Los zrazu nie sprzyjał Łokietkowi. Kraj nękali Brandenburczycy, książęta głogowscy zajęli Poznań, Krzyżacy opanowali Pomorze Gdańskie, a zniemczeni mieszczanie krakowscy podnieśli bunt.

Chcąc odeprzeć wrogów, Łokietek sprzymierzył się z władcami Węgier i pogańską Litwą. Kiedy za zgodą papieża został ukoronowany w 1320 roku, władał już Małopolską, Kujawami i Wielkopolską. Jednak w roku 1327 jego największy rywal do korony – król Czech Jan Luksemburski zmusił książąt śląskich i mazowieckich, aby złożyli mu hołd.

KIM BYŁ
Władysław Łokietek
(ok. 1261-1333), król Polski, przydomek zawdzięczał niewielkiemu wzrostowi (od łokcia).

KIM BYŁ

Wacław II *(1271-1305), król Czech, później także Węgier. Korzystając z poparcia części polskich feudałów, został księciem Małopolski, a w 1300 r. koronował się na króla Polski.*

◀ Poczynając od Łokietka, miejscem koronacji królów polskich stała się katedra na Wawelu. Do koronacji Władysława użyto po raz pierwszy ozdobnego miecza – Szczerbca.

CO TO ZNACZY
Łokieć *– w dawnej Polsce pomiaru długości dokonywano przedramieniem, mierząc np. materiały czy deski „na łokcie".*

Władysław Łokietek często ponosił porażki. Pobity przez przeciwników musiał ukrywać się, a nawet uciekać z kraju. Legenda głosi, że jednym ze schronień księcia były jaskinie koło Ojcowa.

MIECZ – miał służyć do obrony poddanych

KORONA – oznaczała, że prawo do władzy pochodzi bezpośrednio od Boga

EWANGELIARZ – księga zawierająca wyjątki z Ewangelii; władca przysięgał nań, że wypełni swe obowiązki

BERŁO – oznaczało sprawiedliwe rządy

JABŁKO – kula, uznawana za najdoskonalszy kształt, symbolizowała niepodzielność państwa

▲ Datę koronacji Łokietka (1320) przyjmuje się za koniec rozbicia dzielnicowego. Wkładając koronę, władca dał do zrozumienia, że jest zwierzchnikiem wszystkich polskich dzielnic.

PODWALINY POTĘGI

W 1331 roku Władysław Łokietek odparł najazd Czechów i Krzyżaków. Mimo że z powodzeniem starł się z zakonem krzyżackim pod Płowcami, utracił Kujawy. Ziemię tę odzyskał syn Łokietka, Kazimierz Wielki. Musiał jednak za to zawrzeć pokój z Krzyżakami i zrezygnować z Pomorza Gdańskiego.

Młody król starał się wzmocnić państwo. Za ogromną kwotę odkupił od Jana Luksemburskiego jego prawa do korony polskiej. W zamian za Mazowsze zrzekł się Śląska, który przypadł Czechom. Prowadził także wojny – podbił kilka drobnych księstw oraz bogatą Ruś Halicką. Kazimierz Wielki powiększył obszar królestwa przeszło dwukrotnie. Udane reformy skarbu, administracji, sądownictwa oraz wojska uczyniły z Polski kraj zamożny, sprawnie zarządzany, dobrze umocniony i rosnący w siłę. O władcy mówi się, że „zastał Polskę drewnianą, a zostawił murowaną".

KIM BYŁ
Kazimierz Wielki (1310-1370), ostatni Piast na tronie polskim. Potężny i mądry król. W 1364 r. założył pierwszy w Polsce uniwersytet.

A TO CIEKAWE
Kazimierz Wielki, wbrew prawu, miał równocześnie aż trzy żony. Dwie wypędził, bo nie dały mu potomków. I choć Kościół nie uznał tych „rozwodów", poślubił kolejną.

CO TO ZNACZY
Stany – warstwy społeczne; grupy ludzi różniące się prawami, zwyczajami, pozycją i zajęciem. W Polsce Kazimierza Wielkiego: król, duchowieństwo, szlachta, mieszczanie i chłopi.

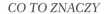

▼ Król kazał skodyfikować* prawa zwyczajowe, dotąd odrębne dla każdej z dzielnic. Jednolite prawa uporządkowały życie wszystkich stanów. Władca cieszył się szacunkiem swoich poddanych.

KIM BYŁ
Bolko II (1312-1368), książę świdnicki, ostatni niezależny Piast śląski, wierny sojusznik Kazimierza Wielkiego. Walczył z cesarzem, ale wydał za niego swą jedyną spadkobierczynię.

KONIE – ciągnęły urobek; traciły wzrok, pracując wiele lat pod ziemią

KAPLICZKA – górnicy rzeźbili w soli figurki

BECZKA – z drewnianych klepek; sól sprzedawano na beczki

BAŁWAN – wielka bryła soli

W trosce o bezpieczeństwo kraju Kazimierz kazał zbudować wiele murowanych zamków.

W 1364 r. w Krakowie odbył się wielki zjazd monarchów, uświetniony ucztą u Wierzynka. Oficjalnie królowie dyskutowali o wojnie z Turcją, a potajemnie spiskowali przeciwko Krzyżakom.

Uniwersytet w Krakowie założono w roku 1364. Kształcił przede wszystkim prawników, potrzebnych królowi do sprawnego zarządzania krajem. Pierwsze wykłady odbywały się na Wawelu.

*kodyfikacja – zebranie, ujednolicenie i spisanie praw
**żupa – kopalnia soli
***monopol – wyłączne prawo

◄ *Olbrzymie dochody przynosiły królowi żupy** solne w Wieliczce i Bochni. Kazimierz Wielki, by zwiększyć swoje zyski, wprowadził monopol*** na sprzedaż soli i zakazał rycerstwu wstępu na teren żup (aby nie kupowało soli taniej).*

NOWA DYNASTIA

ŚWIĘTY DĄB – pogan często chrzczono w miejscach dla nich świętych

CO TO ZNACZY
Unia – związek dwóch lub więcej państw mających wspólny rząd (dawniej – króla); każde z państw unii ma takie same prawa i obowiązki.

SŁUP – wieża mieszkalna; ostatni punkt obrony

▶ *W 1386 r. zaczęto na Litwie wprowadzać chrześcijaństwo. Jagiełło darował każdemu z ochrzczonych Litwinów nową szatę, a niekiedy osobiście wyjaśniał rodakom zasady wiary.*

MISECZKI – karmiono z nich (mlekiem) święte węże

◀ *Królowa Jadwiga przeznaczyła swoje kosztowności na odnowę Akademii Krakowskiej.*

Kazimierz Wielki zmarł, nie pozostawiwszy syna. Na mocy wcześniejszego układu tron polski objął król Ludwik Węgierski. Zajęty sprawami rodzinnego kraju, rządy w Krakowie powierzył swej matce (a córce Łokietka) Elżbiecie. Ludwik Węgierski także nie miał męskiego potomka. Chcąc zapewnić sukcesję* córkom, pozyskał polskie rycerstwo licznymi przywilejami (najważniejszy nadano w Koszycach w 1374).

34

KIM BYŁ
Ludwik Andegaweński (1326--1382), *zwany w Polsce Węgierskim, a na Węgrzech Wielkim, władca obu krajów. Przywilejem nadanym w Koszycach zwolnił rycerstwo polskie z wielu podatków.*

Ludwik przyłączył bogatą Ruś Halicką do Węgier, lecz Jadwiga przywróciła ją Polsce. Znosząc podatki, doprowadziła do szybkiego rozwoju Lwowa i całej Rusi.

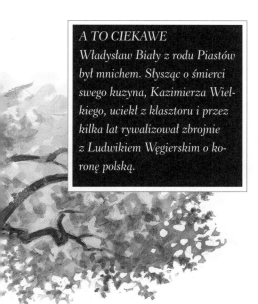

TABOR – kryty wóz, pełniący rolę domu na kółkach

W XV w. Polska i Litwa, wraz z terenami podległymi, były państwem bardzo rozległym.

KIM BYŁA
Jadwiga (1374-1399), *nosiła tytuł króla Polski, słynęła z wielkiej mądrości, urody i dobroci. W 1997 r. została uznana za świętą.*

Za panowania Andegawenów modne stały się romanse, opowieści i zwyczaje dworskie.

Po śmierci władcy panowie małopolscy w 1384 roku koronowali na króla jego młodszą córkę Jadwigę. Na męża wybrali dla niej Jagiełłę, księcia pogańskiej Litwy. W 1385 roku Polska i Litwa zawarły w Krewie unię. Zagrożony przez Krzyżaków Jagiełło zgodził się ochrzcić swój naród, połączyć oba państwa, zwolnić polskich jeńców oraz odzyskać Pomorze i Śląsk. Na chrzcie otrzymał imię Władysław. Po ślubie z Jadwigą został królem Polski. Rozpoczęło się panowanie nowej dynastii – Jagiellonów.

*sukcesja – dziedziczenie praw do tronu

Wojny Władysława Jagiełły z Krzyżakami

Działo się to w latach **1409-1433**

KIM BYŁ
*Witold (1352-1430), od 1401 r. wiel-
ki książę litewski. Chociaż Jagiełło
był najwyższym władcą Litwy, książę
rządził samodzielnie i zamierzał ko-
ronować się na króla.*

Do wojny dążyli zarówno Krzyżacy, szukający zdobyczy na Litwie, jak i Polacy, którzy chcieli odzyskać
Pomorze. Jagiełło i jego kuzyn Witold zgromadzili
w swej armii Polaków, Litwinów, Rusinów, Czechów,
a nawet Tatarów. Z pomocą zakonowi pospieszyli rycerze zachodniej Europy oraz książęta Pomorza Zachodniego.
Mimo świetnych zwycięstw w bitwach pod Grunwaldem i Ko-
ronowem naszemu królowi nie udało się zdobyć Malborka, stolicy państwa zakonnego i musiał zawrzeć pokój nie przynoszą-
cy Polsce korzyści.

Jeszcze trzykrotnie Jagiełło wojował z zakonem. W polu gro-
mił wroga, ale Krzyżacy unikali otwartych bitew. Kryli się
w potężnych zamkach, których Polacy nie potrafili zdobyć,
i czekali na odwrót wojsk Jagiełły.

Sukcesem zakończyła się natomiast misja polskich
posłów. Przekonali oni
innych władców, aby za-
przestali udzielać Krzy-
żakom pomocy.

PIECHOTA – wojska formowane
z chłopskich ochotników i służby
rycerskiej

▲ *Ciężkozbrojni rycerze polscy lepiej spraw-
dzali się w otwartym boju, w starciach na ko-
pie, niż w zdobywaniu zamków.*

▶ *15 lipca 1410 r. pod Grunwaldem
armia Jagiełły rozgromiła wojska
krzyżackie. Była to jedna z największych bitew średniowiecza. Zginęło
kilkanaście tysięcy ludzi, wśród nich
wielki mistrz krzyżacki. Śmierć
poniosło 208 rycerzy pasowanych –
Krzyżaków i tylko 12 polskich.
W bitwie brał udział najsłynniejszy
polski rycerz – Zawisza Czarny.*

A TO CIEKAWE

W 1410 r. Jagiełło kazał przeprowadzić wojsko polskie przez Wisłę po składanym moście, wspierającym się na zakotwiczonych łodziach. Był to pierwszy w Europie most pontonowy*.

◄ Polscy rycerze byli bogaci. Stać ich było na kupno pełnej zbroi, kosztującej nawet 60 grzywien** (12 kg srebra).

KIM BYŁ

Władysław Jagiełło (ok. 1351-1434), najdłużej panujący król polski (48 lat). Dążył do unii Polski i Litwy, nadał rodom litewskim takie same prawa, jakimi cieszyli się polscy feudałowie. Dał początek dynastii Jagiellonów.

Bałtyk

Malbork • KRZYŻACKIE

Brandenburgia

PAŃSTWO

KRÓLESTWO POLSKIE Mazowsze

WIELKIE KSIĘSTWO LITEWSKIE

Kraków •

CZECHY

Krzyżacy zbudowali swe państwo drogą podbojów. Na początku w walce z Prusami pomagali im Polacy, później zakonników wspierało rycerstwo Zachodu, przekonane, że walczy za wiarę.

Potęga państwa zakonnego opierała się na sieci warownych zamków. Malbork należał do najpotężniejszych w Europie. Otoczony był potrójną linią umocnień.

PRZYŁBICA – hełm z ruchomą osłoną twarzy

CHORĄGIEW – póki powiewała w górze, oddział powinien walczyć

BERDYSZ – topór na bardzo długim drzewcu

HERB – znak rodowy rycerstwa

CO TO ZNACZY

Rycerz pasowany – taki, który za specjalne zasługi otrzymał z rąk władcy rycerski pas, symbol honoru i odwagi.

*most pontonowy – opierający się na pływających elementach, np. łodziach, pustych pojemnikach
**grzywna – jednostka płatnicza wartości 200 g srebra

JAGIELLONOWIE NA TRONIE

Działo się to w latach **1433-1450**

KIM BYŁ
Władysław III *(1424-1444), nazwany po śmierci Warneńczykiem, ponieważ zginął w bitwie pod Warną; król Polski i Węgier. Usiłował wyprzeć Turków z Europy.*

CO TO ZNACZY
Szlachta *– stan wywodzący się z rycerstwa; o przynależności do niego nie decydował majątek, ale pochodzenie ze szlachetnego rodu.*

Władysław Jagiełło miał cztery żony, lecz synów urodziła mu dopiero ostatnia, młodsza o 50 lat Zofia. Aby zapewnić im władzę, król nadał szlachcie nowe przywileje, m.in. zakazujące konfiskaty* majątku i aresztowania szlachcica bez wyroku sądowego.

Po Jagielle tron objął jego 10-letni syn Władysław. W rzeczywistości rządził biskup Zbigniew Oleśnicki. W 1440 roku młody monarcha opuścił Polskę, ponieważ powołano go na tron węgierski.

W tym samym roku jego brat, Kazimierz Jagiellończyk, został obrany przez litewskich panów wielkim księciem i usamodzielnił swój kraj.

DWÓR – zazwyczaj drewniany, kryty gontem (drewnianą dachówką)

SIERP – chłop pracował u pana własnymi narzędziami

TRZEWIKI – im dłuższe miały noski, tym w owych czasach były modniejsze

SŁUP GRANICZNY – stawiany na krańcach posiadłości szlacheckich

◀ *Szlachcie nie podobało się, że biskup Zbigniew Oleśnicki rządzi „niczym sam król". Podniesiono nawet bunt, który został przez biskupa krwawo stłumiony.*

KIM BYŁ
Zbigniew Oleśnicki (1389-1455), *biskup krakowski, miał wielki wpływ na rządy w kraju już od schyłku panowania schorowanego Jagiełły. Zwolennik przymierza z Węgrami i wojny z Turcją.*

W I poł. XV w. rzeźbiono „piękno-lice" Madonny.

Na grobowcu Jagiełły przedstawiono lud opłakujący zmarłego oraz… za-smucone psy i sokoły. Król kochał natu-rę – zmarł, ponieważ zaziębił się, słu-chając nocą słowika.

Po śmierci Władysława, który zginął pod Warną, krakowscy możnowładcy oddali koronę Kazimierzowi Jagiellończyko-wi, domagając się w zamian przyłączenia Litwy do Polski. Liczyli, że nowy władca nagro-dzi ich hojnymi nadaniami** na Rusi. Kazimierz nie spełnił żądań możnych. Odsunął ich od władzy, opierając swe rządy na szlachcie.

A TO CIEKAWE
Wszyscy polscy rycerze towarzyszący Władysła-wowi pod Warną polegli wraz z królem, nie było więc naocznych świadków jego śmierci. W kraju przez długie lata wierzo-no, że władca ocalał.

Władysław Warneńczyk ma tylko symboliczne mauzoleum w Warnie, ponieważ po bitwie nie odnaleziono ani jego ciała, ani głowy, którą ponoć odcięli Turcy.

WOŁY – zwierzęta najczęściej używane do prac polowych

◀ *Dawni rycerze utrzymywali się z czynszu*** płaconego przez dzierżaw-ców ich dóbr. W XV w. szlachta sama zajmowała się prowadzeniem gospodar-stwa. Dobra rycerskie zamieniono w folwarki, w których pracowali chłopi.*

*konfiskata – przepadek majątku
   na rzecz państwa
**nadanie – nagroda w postaci ziemi
***czynsz – opłata za korzystanie
   z cudzej własności (ziemi, domu)

ODZYSKANIE POMORZA

P oddani zakonu krzyżackiego w Prusach mieli dość jego twardych rządów. W 1454 roku wybuchło tam powstanie. Rycerze i mieszczanie oddali swój kraj pod opiekę króla Kazimierza Jagiellończyka. Powstańcy zajęli wszystkie miasta poza Malborkiem, Sztumem i Chojnicami. Gdy pospolite ruszenie polskiego rycerstwa usiłowało zdobyć Chojnice, zostało rozbite przez Krzyżaków. Tak rozpoczęła się wojna trzynastoletnia.

Zakon ściągnął posiłki z Niemiec i szybko odzyskał utracone tereny. Pruskie miasta przekazały Polsce ogromne sumy, więc król wykupił Malbork i wystawił wojsko zaciężne, oddając je pod komendę Piotra Dunina. Pokonał on wroga w bitwie pod Świecinem i w ciągu kilku lat wyparł Krzyżaków z Pomorza Gdańskiego.

Brak pieniędzy oraz interwencje papieża w obronie zakonu skłoniły Jagiellończyka do zawarcia pokoju, zwanego drugim pokojem toruńskim.

KIM BYŁ
Kazimierz Jagiellończyk *(1427--1492), zwany tak z powodu ogromnego podobieństwa do ojca. Król polski od 1447 r., podporządkował Prusy i przyłączył część Mazowsza.*

KUSZA – naciągana korbką; wystrzelony z niej bełt przebijał zbroję

BEŁT – krótki i ciężki pocisk do kuszy

SZABLA – broń tnąca, lżejsza od miecza

A TO CIEKAWE
Litwini nie brali udziału w wojnie, bo nie chcieli wzmocnienia Polski. Obawiali się, że kiedy będzie ona silna, pozbawi ich dotychczasowej niezależności.

▲ *Do wojsk zaciężnych trafiało wielu mieszczan, przyzwyczajonych do obrony swych miast.*

KIM BYŁ
Jan Długosz *(1415-1480), kronikarz, kanonik krakowski. Wychowawca synów Kazimierza Jagiellończyka, uczył ich odpowiedzialności i patriotyzmu. Napisał* Roczniki, *czyli kroniki sławnego Królestwa Polskiego.*

HAKOWNICA – broń palna z hakiem pod lufą; hak zaczepiano o mur lub konar, ponieważ siła odrzutu przewracała strzelca

JUKI

▲ *Pod Świecinem polscy żołnierze zaciężni rozgromili armię zakonu (1462). Żołnierze zaciężni walczyli dla żołdu*. Kosztowali sporo, ale przewyższali rycerzy pospolitego ruszenia, gdyż byli lepiej wyszkoleni, zdyscyplinowani i bardziej bitni.*

M.SZYSZKO

Bałtyk

WIELKIE KSIĘSTWO LITEWSKIE

• Królewiec
Gdańsk •
Pomorze Zachodnie
Malbork
Warmia
Prusy Królewskie
Prusy Zakonne
Brandenburgia
• Toruń
KRÓLESTWO POLSKIE
Mazowsze
• Poznań

Drugi pokój toruński (1466) stanowił, że król polski jest zwierzchnikiem całych Prus. Państwo zakonne podzielono: Pomorze Gdańskie, ziemię chełmińską i Warmię (Prusy Królewskie) włączono do Polski, część wschodnią (Prusy Zakonne) pozostawiono Krzyżakom jako lenno.
W nagrodę za pomoc udzieloną Polsce w czasie wojny Kazimierz Jagiellończyk oddał w użytkowanie książętom zachodniopomorskim ziemię bytowską i lęborską.

Piotr Dunin, dowodząc gdańską flotą**, stoczył z Krzyżakami zwycięską bitwę morską na Zalewie Wiślanym (1463).

CO TO ZNACZY
Pospolite ruszenie – *wszyscy rycerze i sołtysi, z racji posiadania ziemi zobowiązani do służby wojskowej.*

*żołd – pieniądze wypłacane żołnierzowi za każdy dzień służby
**flota – ogół okrętów wojennych lub handlowych jakiegoś państwa

WZROST ZNACZENIA JAGIELLONÓW

P o 1466 roku Polska była jednym z najważniejszych państw w Europie. Bogaty i odległy Nowogród Wielki uznał zwierzchność Kazimierza Jagielloń-czyka, a Czesi obrali królem jego syna Władysła-wa. Z pomocą Polski Władysław toczył uciążliwe wojny z władcą Węgier, Maciejem Korwinem, zaś po je-go śmierci objął tron węgierski.

Za panowania Kazimierza Jagiellończyka do Polski docierały z Włoch idee* odrodzenia (renesansu). Dokumenty i książki zamiast po łacinie coraz czę-ściej pisano po polsku. Król i możnowładcy oto-czyli opieką uczonych oraz artystów. Nastąpił roz-wój nauki. Polacy chętnie się kształcili. Wielu wyjeżdżało na uniwersytety do Włoch lub Paryża.

GARNUSZEK – żacy, chodząc po prośbie, zbierali do niego jedzenie

KSIĄŻKA – jedyną przeważnie posiadał nauczyciel

TABLICZKI – pokryte woskiem; pisano na nich rylcem

▲ *Wynalazek druku sprawił, że książki stały się bardziej dostępne, a zawartą w nich wiedzę mogło poznać więcej ludzi. Przedtem księgi przepisywano ręcznie.*

KIM BYŁA
Elżbieta Rakuszanka z Habsburgów *(1436-1505), żona Kazimierza Jagiel-lończyka. Zwano ją matką królów, ponie-waż urodziła 13 dzieci, w tym czterech władców, jednego kardynała i jednego świętego – Kazimierza, patrona Litwy.*

▼ *Akademia Krakowska zyskała pod koniec XV w. doskonałą opinię. Wykładali tu najlepsi nauczyciele z całej Europy, ucząc głównie prawa, teologii**, matematyki i astrologii. Wśród żaków (studentów) było wielu cudzoziemców.*

SIANO – pokarm osła; zanim adept został żakiem, nazywano go osłem

OTRZĘSINY – żartobliwy zwyczaj witania nowych uczniów przez starszych kolegów

Polska była krajem gościnnym dla cudzoziemców. Włoski poeta i pisarz Kallimach został nawet doradcą Kazimierza Jagiellończyka, a później jego syna Olbrachta.

Za czasów Kazimierza Jagiellończyka tworzył w Krakowie słynny rzeźbiarz Wit Stwosz. Największym (dosłownie i w przenośni) dziełem artysty był ołtarz mariacki.

W 1473 r. ukazał się pierwszy druk wykonany w Polsce – jednostronicowy kalendarz na rok następny. Dwa lata później, w czeskim wówczas Wrocławiu, wydano pierwszy tekst ciągły w języku polskim, który zawierał m.in. modlitwy Ojcze Nasz i Zdrowaś Mario.

CO TO ZNACZY
Odrodzenie – okres w dziejach kultury, trwający w Polsce od schyłku XIV do połowy XVII w.; hasła odrodzenia głosiły dbałość o życie doczesne, dążenie do piękna i wiedzy.

A TO CIEKAWE
Po narodzinach Kazimierza Jagiellończyka astrolodzy przepowiedzieli, że „będzie żył bez powodzenia, za jego rządów Królestwu zagrozi zguba". Przepowiednia nie sprawdziła się; gdy król umierał, Polska uchodziła za jeden z silniejszych i bogatszych krajów Europy.

*idea – myśl przewodnia, zasada dotycząca np. sztuki czy nauki
**teologia – nauka o Bogu i zasadach wiary

MONARCHIA STANOWA

Działo się to w latach **1492-1506**

P o śmierci Kazimierza Jagiellończyka szlachta obrała królem drugiego z jego synów, Jana Olbrachta. Za rządów Olbrachta zaczęły obradować sejmy walne. W 1497 roku władca z licznym wojskiem ruszył na Turcję, ponieważ zaatakowała ona lennika Polski, Mołdawię. Na skutek zdrady hospodara* wojska polskie poniosły jednak tak dotkliwą klęskę, że ukuto przysłowie: „Za króla Olbrachta wyginęła szlachta".

W czasach Aleksandra, następcy Olbrachta, toczył się wielki spór o władzę. Zasiadający w senacie magnaci** chcieli rządzić krajem bez udziału szlachty. Ale król, wraz ze szlachtą, przeciwstawił się żądaniom możnych. Postanowiono wówczas, że żadne nowe prawa nie mogą być ustanowione bez udziału szlachty (konstytucja nihil novi czyli „nic nowego", 1505).

MARSZAŁEK – przewodniczył obradom izby poselskiej

CO TO ZNACZY
Konstytucja – *do XVIII w. nazwa każdej ustawy sejmowej.*

▲ *Po wiekach spokoju ziemie polskie najechali Tatarzy. Skłonił ich do tego władca moskiewski, który pragnął osłabienia Polski.*

KRZESŁO SENATORSKIE – senatorzy siedzieli, posłowie musieli stać

ŁAŃCUCH SENATORSKI – nosili go najważniejsi senatorzy

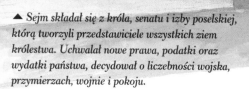

▲ *Sejm składał się z króla, senatu i izby poselskiej, którą tworzyli przedstawiciele wszystkich ziem królestwa. Uchwalał nowe prawa, podatki oraz wydatki państwa, decydował o liczebności wojska, przymierzach, wojnie i pokoju.*

KIM BYŁ
Jan Olbracht (1459-1501), król od 1492 r. Zanim został władcą Polski, usiłował zdobyć tron węgierski, o który walczył ze starszym bratem Władysławem. Sprzyjał szlachcie i mieszczaństwu.

KIM BYŁ
Aleksander Jagiellończyk (1461-1506), młodszy brat Jana Olbrachta. Od 1492 r. rządził Litwą. Król polski od 1501 r.

A TO CIEKAWE
Jan Olbracht zamierzał odebrać Prusy Zakonne Krzyżakom, a ich samych przenieść nad Morze Czarne do Mołdawii. Na wyprawę mołdawską zabrał kilkudziesięciu rycerzy zakonnych i wielkiego mistrza.

KANCLERZ KORONNY
– prowadził politykę zagraniczną

KRÓL – przewodniczył obradom senatu

Obawiając się ataku Turcji, Jan Olbracht wzniósł na przedpolach Krakowa barbakan. Przystosowana do użycia armat warownia zagradzała wrogom dostęp do stolicy.

Olbracht był władcą godnym renesansu (odrodzenia). Wprowadził włoską modę i utrzymywał największy ze wszystkich polskich dotychczasowych dworów (liczył aż 1600 osób).

Kanclerz króla Aleksandra, Jan Łaski, zebrał i opublikował najważniejsze prawa sądowe i państwowe.

*hospodar – tytuł księcia Mołdawii
**magnaci – możnowładcy; bardzo bogata szlachta, właściciele dziesiątek miast i setek wsi; wielu z nich zajmowało najwyższe urzędy w państwie, utrzymywali także własne armie

NARODZINY ZŁOTEGO WIEKU

Działo się to od **XV** do **XVI w.**

KIM BYŁ
Mikołaj Kopernik *(1473--1543), wybitny astronom, matematyk, lekarz, ekonomista, dowódca wojskowy. W dziele* O obrotach sfer niebieskich *udowodnił, że Ziemia krąży wokół Słońca.*

◀ *W XVI w. pogorszył się los chłopa. Dwa-trzy dni w tygodniu musiał on odrabiać pańszczyznę** i bez zgody pana nie mógł opuszczać wsi. Za drobne przewinienia zakuwany był w dyby.*

W iek XVI nazywany jest w Polsce „złotym". Nasz kraj słynął wtedy z bogactwa, rozwijała się sztuka, żyło wiele wybitnych osób. Na handlu zbożem, tak potrzebnym krajom zachodniej Europy, bogaciła się szlachta i mieszczanie. W słynącym z tolerancji* państwie Jagiellonów osiedlali się cudzoziemcy, którzy przejmowali polskie obyczaje i język. Ludzie poświęcali więcej czasu rozrywce i sztuce. Wojny toczyły się jedynie na obrzeżach kraju.

Rosły fortuny magnatów. Za czasów Władysława Jagiełły duży majątek ziemski liczył kilka wsi, za Olbrachta – 30. Szlachta, aby zwiększyć dochody, nakazała chłopom kupować towary i alkohole produkowane w swoich folwarkach. Słabła pozycja miast, które konkurowały ze sobą. Wyjątek stanowił coraz bogatszy Gdańsk. Liczne przywileje, jakimi Kazimierz Jagiellończyk nagrodził to miasto za pomoc okazaną w walce z Krzyżakami, sprawiły, że tylko Gdańsk miał prawo prowadzić handel zamorski.

A TO CIEKAWE
Ustawy o zbytkach zabraniały mieszczanom noszenia bogatych strojów, złotych ozdób i wyprawiania hucznych zabaw. Chodziło o to, by zamożność mieszczan nie wzbudzała zawiści szlachty.

CO TO ZNACZY
Prawo składu *– przywilej dla miasta, na mocy którego kupcy przejeżdżający przez nie musieli wystawiać w nim na sprzedaż swoje towary.*

46

▼ *Gdańsk miał własne prawa, podatki i, za zgodą króla, cła. Zagraniczni kupcy przybywający do miasta musieli odsprzedawać swoje towary gdańszczanom. Ci zaś rozprowadzali je po całym kraju, bez obowiązku prawa składu.*

ŻURAW – dźwig portowy; jego linami poruszali więźniowie

KOGA – statek żeglugi przybrzeżnej; służył do przewozu towarów

MOTŁAWA – rzeka stanowiąca naturalny port morski Gdańska

M.SZYSZKO

Mieszczanie często pożyczali królowi pieniądze. Władca, gdy nie mógł zwrócić długu, „nagradzał" ich urzędami lub tytułami szlacheckimi. W taki sposób szlachcicami zostali m.in. Bonerowie.

W epoce odrodzenia budynki były nie tylko wygodne, ale i ładne. Wznoszono coraz piękniejsze domy o bogato zdobionych fasadach***.

Mimo że zbroje stawały się coraz grubsze (i cięższe), nie zapewniały skutecznej osłony przed bronią palną. Dlatego w XVI w. zaczęto z nich rezygnować.

*tolerancja – zrozumienie dla cudzych poglądów, wierzeń lub zwyczajów; brak prześladowań
**pańszczyzna – obowiązek pracy na szlacheckim folwarku
***fasada – ściana domu od strony ulicy

OSTATNI JAGIELLONOWIE

Działo się to w latach **1507-1568**

W XVI wieku rozwinęła się demokracja* szlachecka. Szlachta poprzez sejmy i sejmiki uczestniczyła w rządach, domagała się reform, a dla dobra kraju chciała nawet zrezygnować z przywilejów. Jednak ostatni Jagiellonowie byli niechętni zmianom. Zygmunt Stary łatwo ulegał magnatom i żonie, królowej Bonie. To ona doprowadziła do koronacji syna – Zygmunta Augusta – za życia ojca (zwanego odtąd Starym), zwiększyła dochody państwa i próbowała wzmocnić władzę monarchy.

Zygmunt August, po śmierci ojca, również niechętnie słuchał rad szlachty. Przez trzy lata nie zwoływał sejmu. Dopiero pod koniec panowania poparł reformy i odebrał większość dóbr królewskich bezprawnie zajętych przez magnatów.

Obaj Zygmuntowie byli tolerancyjni. Za ich panowania Polskę nazywano „państwem bez stosów", ponieważ rzadko dochodziło u nas do prześladowań religijnych. W kraju szerzyła się reformacja. Jej zwolenników zwano protestantami.

KIM BYŁ
Mikołaj Rej *(1505-1569), pisarz, pierwszy wybitny autor tworzący w języku polskim. Napisał słynne zdanie: „iż Polacy nie gęsi, iż swój język mają".*

CO TO ZNACZY
Reformacja *– ruch religijny dążący do naprawy Kościoła, zmiany zasad wiary i wprowadzenia nauczania religii w rodzimym języku.*

LENNIK – w czasie hołdu pruskiego był nim Albrecht Hohenzollern

◀ *Zygmunt August sprowadził z Flandrii słynne arrasy – piękne tkaniny, którymi ozdobiono ściany Wawelu.*

KIM BYŁ

Zygmunt Stary *(1467-1548),
syn Kazimierza Jagiellończyka,
król od 1506 r. Wcielił do Polski
Mazowsze. Słynął z dobrego
wykształcenia i siły (ponoć łamał
w rękach podkowy).*

▲ *Zygmunt August chciał zbudować
silną flotę królewską. Okręty wojenne
powierzano kaprom – zarejestrowanym
piratom, którzy w imieniu króla łupili
statki wrogów.*

*Za rządów Zygmunta Starego włoscy
architekci przebudowali zamek na Wawelu. Obronną warownię zmienili w piękną,
renesansową rezydencję.*

*Polscy protestanci zakładali liczne
szkoły i drukarnie.*

HEROLD – zapowiadał
przybycie lennika

KRÓL – Zygmunt Stary

CHORĄGIEW – składający
hołd w geście poddaństwa
kładł ją u stóp króla

STAŃCZYK – błazen królewski;
mógł drwić z każdego, nawet
z władcy

◀ *Hołd pruski, złożony w 1525 r.
Zygmuntowi Staremu przez ostatniego
wielkiego mistrza zakonu krzyżackiego,
Albrechta Hohenzollerna, położył kres
wojnom z Krzyżakami. Państwo zakonne zamieniono w księstwo świeckie
(pozostające lennem Polski).*

A TO CIEKAWE
*Królowa Bona pochodzi-
ła z Włoch. Dzięki niej
zaczęto w Polsce upra-
wiać warzywa zwane
„włoszczyzną". Sprowa-
dziła m.in. pomidory
i kalafior.*

*demokracja – sprawowanie władzy
przez wszystkich uprawnionych
(w demokracji szlacheckiej – przez
szlachtę)

UNIA LUBELSKA

Wspólny sejm Polaków i Litwinów, zwołany w 1569 roku w Lublinie, zadecydował o połączeniu obu państw. Powstała Rzeczpospolita Obojga Narodów. Unię lubelską popierali magnaci polscy, mający majątki w obu państwach, oraz szlachta polska, litewska i ruska. Polacy chcieli zagospodarować uprawne, prawie bezludne kresy* wschodnie. Litwini potrzebowali pomocy w walce z coraz silniejszą Moskwą. Rusini obawiali się, że Litwę zdominują** magnaci, którzy pozbawią ich przywilejów, np. prawa do udziału w obradach sejmu. Przeciwne unii były potężne rody litewskie, zwłaszcza Radziwiłłowie. Oni sami chcieli rządzić na Litwie.

Do unii doprowadził król Zygmunt August, obawiający się rozpadu państwa po swej bezpotomnej śmierci.

KIM BYŁ
Zygmunt August (1520-1572), koronowany w 10. roku życia; opiekun artystów, kolekcjoner sztuki, twórca unii lubelskiej.

KIM BYŁ
Jan Kochanowski (1530-1584), najwybitniejszy poeta polski okresu odrodzenia. Pisał fraszki, pieśni, satyry. Piękne Treny poświęcił zmarłej córce Urszulce.

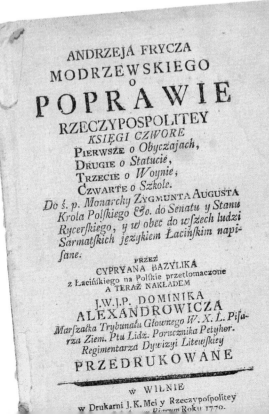

◀ *Litwie zagrażał Iwan IV Groźny, książę moskiewski, pierwszy car Rosji.*

◀ *Słabość wielkiego kraju dostrzegał Andrzej Frycz Modrzewski. W dziele* O poprawie Rzeczypospolitej *domagał się zmiany ustroju, dopuszczenia do rządów mieszczan i poprawy doli chłopów.*

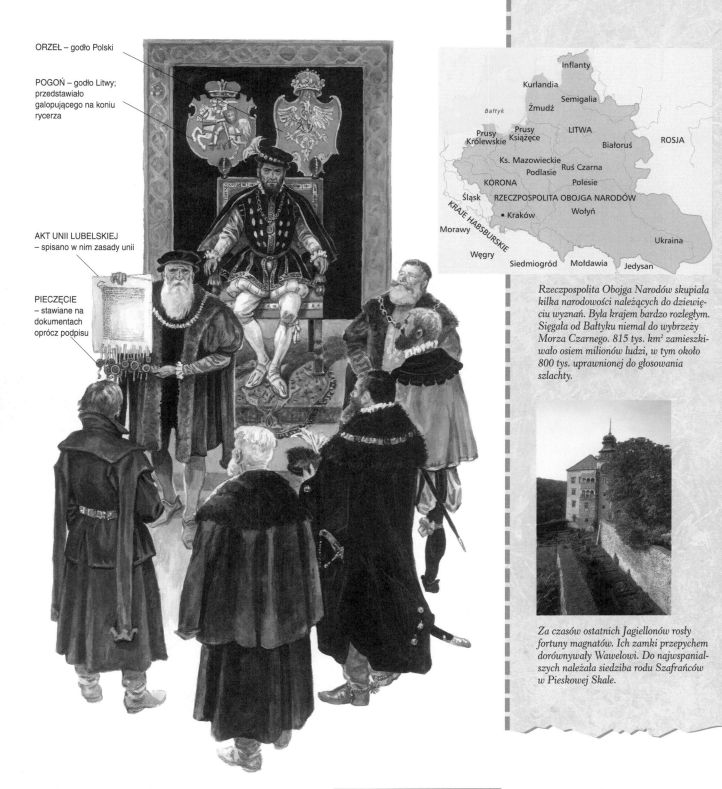

ORZEŁ – godło Polski

POGOŃ – godło Litwy; przedstawiało galopującego na koniu rycerza

AKT UNII LUBELSKIEJ – spisano w nim zasady unii

PIECZĘCIE – stawiane na dokumentach oprócz podpisu

Inflanty

Kurlandia

Semigalia

Bałtyk   Żmudź

Prusy Królewskie   Prusy Książęce   LITWA   Białoruś   ROSJA

Ks. Mazowieckie   Ruś Czarna
Podlasie
KORONA   Polesie

Śląsk   RZECZPOSPOLITA OBOJGA NARODÓW
• Kraków   Wołyń
KRAJE HABSBURSKIE
Morawy   Ukraina

Węgry   Siedmiogród   Mołdawia   Jedysan

Rzeczpospolita Obojga Narodów skupiała kilka narodowości należących do dziewięciu wyznań. Była krajem bardzo rozległym. Sięgała od Bałtyku niemal do wybrzeży Morza Czarnego. 815 tys. km² zamieszkiwało osiem milionów ludzi, w tym około 800 tys. uprawnionej do głosowania szlachty.

Za czasów ostatnich Jagiellonów rosły fortuny magnatów. Ich zamki przepychem dorównywały Wawelowi. Do najwspanialszych należała siedziba rodu Szafrańców w Pieskowej Skale.

▲ *Na czele Rzeczypospolitej Obojga Narodów stał król. Był on jednocześnie wielkim księciem litewskim. Wspólny dla obu krajów był sejm walny, polityka zagraniczna i pieniądze. Osobne – urzędy, administracja i wojsko. Litwa zachowała także odrębne prawa.*

CO TO ZNACZY
Rzeczpospolita – republika; „rzecz wspólna" całego, niepodległego narodu.

*kresy – południowo-wschodnie tereny Rzeczypospolitej oddalone od większych ośrodków kultury; prawdziwy kres (koniec, obszar przygraniczny) państwa
**dominacja – decydowanie o większości spraw; panowanie, górowanie nad kimś lub nad czymś

PIERWSZA WOLNA ELEKCJA

INTERREX – prymas, który w okresie bezkrólewia zastępował władcę

Zygmunt August nie ustalił zasad elekcji*. Miał nadzieję, że doczeka się następcy. Zmarł jednak bezpotomnie. Był ostatnim męskim przedstawicielem rodu Jagiellonów. Przez ponad rok po jego śmierci Rzeczpospolita nie miała króla, ponieważ szlachta wciąż spierała się z magnatami o to, jak go wybrać.

Pierwsza elekcja odbyła się w 1573 roku. Spomiędzy pięciu ubiegających się o polski tron obcych książąt wybrano Henryka Walezego, brata króla Francji. Szlachta liczyła, że pokona on Rosję, ponieważ cieszył się sławą zdolnego wodza. Przed koronacją elekt** musiał przyjąć pacta conventa, zrzec się tytułu dziedzicznego władcy i przysiąc, że zachowa przywileje szlachty oraz wolną elekcję.

Po kilku miesiącach panowania Henryk Walezy dowiedział się o śmierci swego brata. Uciekł wówczas do Francji, aby objąć po nim tron.

CO TO ZNACZY
Pacta conventa – z łaciny „warunki uzgodnione"; zobowiązania kandydata na władcę, które powinien zrealizować, zostawszy królem.

KIM BYŁ
Jan Zamoyski (1542-1605), przywódca szlachty, przyczynił się do ustalenia zasad wolnej elekcji. Był kanclerzem i hetmanem wielkim koronnym, najpotężniejszym magnatem w kraju. Założył miasto Zamość.

SZOPA SENATORSKA
– przemawiali w niej wysłannicy kandydatów

STRAŻ MARSZAŁKOWSKA
– tylko jej członkowie mogli mieć w szopie broń

SZLACHTA – oczekiwała na zewnątrz, zatwierdzała wybór

Elekcje odbywały się na polach Woli pod Warszawą. Zadecydowali o tym senatorzy. Spodziewali się, że łatwiej wpłyną na niewykształconą szlachtę Mazowsza, najliczniej przybywającą na elekcje.

Koronację Henryka Walezego uświetnił turniej rycerski. Doszło wówczas do sprzeczki między magnatami. Samuel Zborowski zabił Andrzeja Wapowskiego. Zabójcę skazano na banicję***.

W 1573 r. podczas konfederacji****
w Warszawie uchwalono, że nikogo, nawet chłopa, nie można zmuszać do wyboru wiary, a szlachta różnych wyznań ma mieć takie same prawa polityczne.

▲ Każdy szlachcic mógł uczestniczyć w wolnej elekcji. Mógł też sam ubiegać się o tytuł króla. O wyborze monarchy decydowano większością głosów. Porządku w czasie elekcji pilnował specjalny sąd kapturowy, który mógł wydawać wyroki bez procesu.

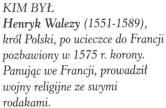

KIM BYŁ
Henryk Walezy (1551-1589), król Polski, po ucieczce do Francji pozbawiony w 1575 r. korony. Panując we Francji, prowadził wojny religijne ze swymi rodakami.

*elekcja – wybór władcy
**elekt – osoba wybrana na króla do czasu koronacji
***banicja – wygnanie z ojczyzny; powrót karany był śmiercią
****konfederacja – zgromadzenie szlachty zwołane bez udziału króla

◀ Uciekającego do Francji Henryka Walezego dogonił Andrzej Tęczyński. Król jednak nie dał się przekonać do pozostania w Polsce.

WOJENNE WYPRAWY STEFANA BATOREGO

Działo się to w latach **1575-1586**

▶ W 1581 r. Batory oblegał Psków, jedną z największych rosyjskich twierdz. Mimo że zorganizowana przez króla chłopska piechota (zwana wybraniecką) wcześniej zdobywała duże warownie, trwające kilka miesięcy oblężenie nie powiodło się.

ARMATA – w tamtych czasach miała zasięg do 500 m

KOSZE – wiklinowe, wypełnione ziemią, osłaniały armaty

APROSZA – osłonięty podkop drążony w stronę twierdzy

PIECHUR – uzbrojony w szablę, rusznicę i siekierkę

GRANATY – pociski zapalające wystrzeliwane z działa

KIM BYŁA
Anna Jagiellonka (1523-1596), ostatnia z rodu Jagiellonów, wspierała artystów i uczonych, dokończyła budowę pierwszego stałego mostu przez Wisłę w Warszawie. Za rządów Stefana Batorego żyła w cieniu męża.

A TO CIEKAWE
Wyruszając na Rosję, Batory rozpuścił zagony – ruchliwe oddziały wojska, które niszczyły teren wroga. Jeden z takich oddziałów o mało nie pojmał samego cara Iwana.

odczas drugiej elekcji przywiązana do rodu Jagiellonów szlachta obwołała królem Annę Jagiellonkę, siostrę Zygmunta Augusta. Magnaci zamierzali wydać ją za cesarza Maksymiliana Habsburga, lecz przeciwna Habsburgom szlachta wolała Stefana Batorego, księcia siedmiogrodzkiego. Doszło do podwójnej elekcji – wybrano obu kandydatów. Batory pierwszy przybył do Krakowa, poślubił Annę i został królem. Choć obojgu małżonkom przysługiwały równe prawa, rządził wyłącznie Stefan. Najpierw zbrojnie poskromił Gdańsk, który nie chciał uznać jego panowania. Potem, w trakcie trzech wypraw na Rosję (1579--1582), zdobył kilka twierdz i zmusił cara Iwana IV Groźnego, na mocy zawartego w Jamie Zapolskim pokoju, do zwrotu Rzeczypospolitej zajętych przez Rosję Inflant i ziemi połockiej. Starania Stefana Batorego o wzmocnienie władzy królewskiej napotkały opór szlachty. Po raz pierwszy zerwano sejm walny, nie chcąc uchwalić proponowanych przez monarchę praw i podatków (1582). Batory mawiał, że „nie jest królem malowanym" i nie ulegał żądaniom szlachty.

W 1579 r. Stefan Batory przekształcił prowadzone w Wilnie przez jezuitów kolegium* w akademię. Był to drugi w kraju uniwersytet (po krakowskim).

W 1578 r. król powołał w Piotrkowie Trybunalskim szlachecki trybunał koronny – sąd najwyższy, do którego zainteresowani mogli się odwoływać od wyroków wszystkich innych sądów.

Stefan Batory zmarł dość nieoczekiwanie i w pełni sił. Toteż od wieków krążą pogłoski, że został otruty przez niechętnych mu magnatów.

▲ Samuel Zborowski spiskował z Habsburgami, ale trudno było mu to udowodnić. Dlatego król kazał go ściąć na podstawie dawnego wyroku wygnania. Szlachta uznała to za monarszą samowolę.

KIM BYŁ
Stefan Batory (1533-1586), książę siedmiogrodzki, na tronie polskim od 1576 r. U schyłku życia planował wyprawę przeciwko Turcji, aby wyzwolić spod jej panowania rodzinne Węgry.

*kolegium – dawniej: szkoła średnia

POCZĄTEK KONFLIKTU ZE SZWECJĄ

Działo się to w latach **1587-1606**

A TO CIEKAWE
*Zygmunt III Waza interesował
się alchemią i złotnictwem.
Kiedy w 1595 r. spłonął
Wawel, obwiniano króla o to,
że zaprószył ogień, usiłując
w swej pracowni przemienić
metal w złoto.*

Po śmierci Stefana Batorego magnaci chcieli osadzić na polskim tronie arcyksięcia Maksymiliana Habsburga. Jednak szlachta wybrała na króla siostrzeńca Anny Jagiellonki, szwedzkiego królewicza Zygmunta. Po śmierci ojca (1592) odziedziczył on koronę protestanckiej Szwecji. Ponieważ był katolikiem, wkrótce został zdetronizowany* przez swoich rodaków.

Zygmunt III Waza zamierzał odzyskać ojczysty tron przy pomocy Polaków. Sejm nie wyraził zgody na nową wojnę, ale król i tak ją rozpoczął. Przyłączył do Polski północne Inflanty, zajęte przez Szwecję za czasów Batorego, co sprowokowało najazd wojsk szwedzkich na te ziemie. Na początku Polacy odnieśli kilka zwycięstw. Niechętna wojnie szlachta nie uchwaliła jednak podatków potrzebnych do jej prowadzenia i Szwedzi przejęli sporne tereny.

SKÓRY
– okrywały pancerze
oficerów husarii
(po tym można ich
było rozpoznać)

BUŁAWA – oznaka władzy
hetmana lub pułkownika

KONCERZ – długi miecz;
po złamaniu kopii służył
do kłucia

HUSARZ

▲ W 1588 r. arcyksiążę Maksymilian Habsburg najechał Polskę, domagając się przyznanej mu przez magnatów korony. Został pokonany i pojmany pod Byczyną przez hetmana Jana Zamoyskiego.

Zygmunt III Waza zraził do siebie Jana Zamoyskiego. Odsunięty od rządów kanclerz zajął się budową prywatnego miasta – Zamościa, stolicy jego ogromnych włości.

KIM BYŁ
Zygmunt III Waza (1566-1632), król Polski od roku 1587. Pochodził ze szwedzkiej dynastii Wazów. Pragnął odzyskać tron Szwecji, prowadził więc wojny z tym krajem.

KIM BYŁ
Jan Karol Chodkiewicz (1560-1621), hetman wielki litewski. Twórca tzw. polskiej szkoły wojennej, polegającej na oskrzydleniu wroga i rozbiciu go miażdżącym uderzeniem husarii.

CO TO ZNACZY
Hetman – naczelny dowódca; hetman wielki dowodził całym wojskiem, także pospolitym ruszeniem; hetman polny – wojskiem stałym.

GALEON – okręt wojenny

▼ Szwedzka konnica znacznie ustępowała polskiej. Natomiast nieprzyjacielska piechota była bardzo groźna. Używała w walce broni palnej (np. armat), potrafiła też prowadzić oblężenia.

W 1596 r. Zygmunt III Waza przeniósł stolicę z Krakowa do Warszawy. Jego syn – Władysław IV – wzniósł w nowej stolicy pomnik na cześć ojca: kolumnę Zygmunta.

◄ „Policzym ich po bitwie, jak ich pobijem" – powiedział pod Kircholmem (1605) Jan Karol Chodkiewicz, przestrzegany przed potęgą nadciągających Szwedów. Hetman, mający tylko 3500 żołnierzy, rozgromił 11-tysięczną armię szwedzką.

*detronizacja – pozbawienie króla władzy monarszej

KONTRREFORMACJA

Działo się to na początku **XVII w.**

A TO CIEKAWE
*Stanisław Stadnicki,
zwany Diabłem
z Łańcuta, otrzymał
kilkadziesiąt wyroków sądowych, których jednak nikt nie
odważył się wykonać. Więc... podszył
nimi swój płaszcz.*

CO TO ZNACZY
Rokosz – *zjazd
szlachty w obronie
zagrożonych przez
króla przywilejów.*

Zygmunt III Waza niezbyt dobrze dbał o interes państwa. Sprzyjał Habsburgom i oparł swoje panowanie na magnatach. Rządy możnych, łamiących dla własnych korzyści prawa i zwyczaje, doprowadziły do wojny domowej zwanej rokoszem Zebrzydowskiego (1606-1609). Chociaż rokoszanie zostali pokonani, pozycja władcy osłabła. Szlachta nie godziła się na żadne reformy, nawet te, o które sama wcześniej walczyła.

Za panowania Zygmunta III nasiliła się kontrreformacja*. Protestantów skłaniano do przejścia na katolicyzm. Działalność misyjną prowadzili u nas jezuici. Katolicy mogli liczyć na większą łaskę króla. Czasem dochodziło do zamieszek religijnych. Niszczono protestanckie świątynie, szkoły i drukarnie.

KATECHIZM – zawierał modlitwy w języku polskim

SZABLA – drewniana, noszona przez braci polskich na znak sprzeciwu wobec wojen

▶ *Kontrreformacja najsilniej zwalczała braci polskich zwanych
arianami. Potępiali oni służbę wojskową oraz poddaństwo
chłopów. W swoich dobrach znieśli pańszczyznę.*

▲ *Protestantyzm bez przeszkód mógł się rozwijać na Pomorzu Gdańskim, gdzie stał się głównym wyznaniem.*

Na początku XVII w. w sztuce zapanował nowy styl – manieryzm. Odznaczał się lekkością linii i wielką ilością szczegółów.

Magnaci z kresów wschodnich wiedli prawdziwie królewskie życie. Posiadali wspaniałe zamki i prywatne armie, często lepiej uzbrojone od wojsk monarszych.

KIM BYŁ
Mikołaj Zebrzydowski (1553--1620), wojewoda krakowski. Widząc, że król współpracuje tylko z magnatami, zbuntował przeciwko niemu szlachtę i stanął na czele rokoszu. Ufundował Kalwarię Zebrzydowską.

ZBÓR – świątynia protestancka; służył także jako szkoła

Za Zygmunta III Wazy powstawały ogromne latyfundia***. Majątki najmożniejszych rodów skupiały po kilkaset wiosek i prywatnych miast. Na mapie zaznaczono posiadłości pięciu najpotężniejszych rodów i arcybiskupstwa gnieźnieńskiego.

KIM BYŁ
Piotr Skarga (1536-1612), jezuita, nadworny kaznodzieja** Zygmunta III. Krytykował tolerancję religijną, ustrój państwa i przywileje szlachty. Autor *Kazań sejmowych*.

*kontrreformacja – walka Kościoła z reformacją
**kaznodzieja – głoszący kazania
***latyfundium – wielka posiadłość ziemska

WOJNA O TRON ROSJI

P o śmierci władcy Rosji – cara Iwana IV Groźnego i jego synów władzę nad tym rozległym krajem objął Borys Godunow. Tymczasem w Polsce pojawił się rzekomo ocalały syn Groźnego, Dymitr. Wielcy magnaci: Wiśniowieccy i Mniszchowie poparli samozwańca*. Za zgodą króla zebrali prywatną armię i wkroczyli do Moskwy (1605). Doprowadzili do koronacji Dymitra. Po roku nowy car i jego świta zostali zamordowani przez Rosjan. Wkrótce pojawił się kolejny samozwaniec, Dymitr II. On również uzyskał pomoc awanturniczych magnatów.

Zygmunt III Waza, wykorzystując bezkrólewie w Rosji, wypowiedział jej wojnę. Chciał odzyskać zagarniętą przez carów ziemię smoleńską. Po dwuletnim oblężeniu armia królewska zdobyła Smoleńsk, a Polacy zajęli Moskwę. Rosjanie zaproponowali tron carski synowi polskiego króla, Władysławowi. Stawiali tylko jeden warunek – musiał przyjąć prawosławie. Zygmunt III odmówił. Wojnę zakończył rozejm zawarty w Dywilinie w 1618 roku.

> **CO TO ZNACZY**
> **Dymitriada** – okres wielkich niepokojów w Rosji, wywołanych brakiem prawowitego cara i walkami samozwańców o panowanie.

CERKIEW – świątynia prawosławna; nawet wiejskie cerkwie miały bogate wyposażenie

> **A TO CIEKAWE**
> *Przez kilka miesięcy 1612 r. Polacy bronili się na otoczonym przez Rosjan Kremlu. Brakowało pożywienia, więc żołnierze zjadali konie, szczury, siodła, zdarzały się nawet przypadki ludożerstwa.*

▲ W 1610 r. hetman polny koronny Stanisław Żółkiewski rozbił pod Kłuszynem pięć razy liczniejsze wojska rosyjskie.

KIM BYŁA
Maryna Mniszchówna *(ok. 1588-
-1614), córka wojewody sando-
mierskiego wspierającego samo-
zwańców. Żona Dymitra I, a potem
Dymitra II, carowa Rosji. Schwy-
tana przez rosyjskich bojarów**,
zmarła w więzieniu.*

*Zygmunt III Waza chciał zostać carem,
by nawrócić Rosję na katolicyzm i wykorzystać jej siły do odzyskania tronu
szwedzkiego. Kazał nawet sporządzić
dla siebie carską koronę.*

KOMUNIK – jeździec idący
na wojnę bez taborów
(służby i wozów z zapasami)

BANDOLETY
– pistolety z zamkiem
kołowym; zawsze
do pary

ŁUK – krótki, tatarski,
przydatny do nagłych
napadów

LUZAK – koń na zmianę,
służył do przewożenia
łupów

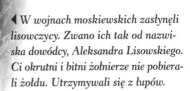

*Mieszkańcy Moskwy dwukrotnie
wzniecali powstanie. W 1606 r. obalili
Dymitra I. W 1611 wybuchł bunt bojarów
Minina i Pożarskiego, wymierzony przeciwko Polakom.*

◄ *W wojnach moskiewskich zasłynęli
lisowczycy. Zwano ich tak od nazwi-
ska dowódcy, Aleksandra Lisowskiego.
Ci okrutni i bitni żołnierze nie pobiera-
li żołdu. Utrzymywali się z łupów.*

*samozwaniec – człowiek podający się
za inną osobę
**bojar – rosyjski możnowładca

ODPARCIE TURECKIEJ NAWAŁY

Działo się to w latach **1619-1621**

Tatarzy – poddani tureckiego sułtana – napadali na należącą do Rzeczypospolitej Ukrainę. Kozacy, którzy tam mieszkali, w odpowiedzi wyprawiali się na ziemie tureckie. Wojna między Polską a Turcją wisiała w powietrzu. Na dodatek polscy magnaci mieszali się w wewnętrzne sprawy lenn tureckich: Mołdawii i Wołoszczyzny.

Bezpośrednim powodem wybuchu wojny było wysłanie lisowczyków na pomoc obleganemu przez stronników Turcji Wiedniowi.

Hetman Stanisław Żółkiewski chciał powstrzymać wroga na terenie Mołdawii, lecz poniósł klęskę pod Cecorą (1620). Tatarzy spustoszyli Ukrainę. W następnym roku sułtan osobiście poprowadził na Polskę 100-tysięczną armię. Jednak o połowę mniejsze siły hetmana Jana Karola Chodkiewicza powstrzymały tureckie wojska pod Chocimiem. W naszej armii walczyli wspólnie Polacy, Litwini, Rusini i Kozacy.

GALERA – statek poruszany za pomocą wioseł, do których przykuwano jeńców

JANCZAR – chrześcijański jeniec, wychowywany od dziecka na żołnierza sułtana

CO TO ZNACZY
Orda – *wojsko tatarskie, które dzieliło się na mniejsze oddziały (czambuły); ordą zwano także tatarskie obozowisko.*

Zamek w Chocimiu należał do podległej Turcji Mołdawii. Od czasów średniowiecza strzegł przeprawy przez rzekę Dniepr, oddzielającej tę krainę od Polski.

▲ Pod Cecorą zginął hetman wielki koronny Stanisław Żółkiewski. Hetman polny koronny Stanisław Koniecpolski dostał się do niewoli.

▼ Hetman Jan Karol Chodkiewicz dzielnie bronił Chocimia (1621). Obok zamku założył otoczony szańcami obóz, z którego nasze oddziały dokonywały nagłych wypadów na Turków oblegających twierdzę.

KIM BYŁ
Stanisław Żółkiewski (1547-1620), znakomity dowódca, hetman wielki koronny, kanclerz. Wspierał Zygmunta III Wazę, choć nie zgadzał się z jego polityką. Założył miasto Żółkiew.

Na czajkach – szybkich łodziach wiosłowych – Kozacy wyprawiali się aż na Morze Czarne, pod Konstantynopol. Łupili tureckie miasta, osady i statki.

TURBAN – nakrycie głowy z długiego zwoju płótna

KOLUBRYNA – armata strzelająca największymi kulami, miała największy zasięg

KORBACZ – bicz z długim rzemieniem; tureccy oficerowie poganiali nim nawet żołnierzy

Husarskie skrzydła pojawiły się w czasie walk z Tatarami. Trzepot piór płoszył konie wroga. Konstrukcja utrudniała też schwytanie husarza na arkan*, który zsuwał się po piórach.

*arkan – sznur z pętlą, rodzaj lassa

WOJNA ZE SZWECJĄ

Działo się to w latach **1621-1635**

K iedy Polska walczyła z Turcją, Szwedzi zajęli prawie całe Inflanty, a później najechali Prusy Królewskie. Okręty wroga zablokowały port gdański. Szwedzi nałożyli cło* na wszystkie wywożone zeń towary. Polacy zmusili nieprzyjaciela do zawarcia rozejmu, ale Szwecja zatrzymała kilka portów w Prusach Królewskich i nadal pobierała opłaty od towarów przewożonych przez Gdańsk.

Do decydującego starcia z najeźdźcą przygotowywał się syn i następca Zygmunta III Wazy – król Władysław IV.

A TO CIEKAWE

W 1628 r., jedyny raz w naszej historii, konnica zdobyła okręt. Polscy dragoni, patrolując wybrzeże Zatoki Puckiej, zauważyli statek wroga, który ugrzązł na mieliźnie. Ostrzelali go i zmusili Szwedów do kapitulacji.

DZIAŁO – odrzut przywiązanych linami dział kołysał okrętem

KULA ŁAŃCUCHOWA – służyła do łamania masztów i zrywania ożaglowania

Zamierzał on wykorzystać to, że Szwecja brała udział w wojnie trzydziestoletniej. Chciał odzyskać ojczysty tron.

Król zreformował polską armię. Jednak do wznowienia wojny nie doszło. Szlachta obawiała się, że jeżeli Władysław IV zwycięży, to wzmocni swoją władzę. Dlatego skłoniła monarchę do podpisania kolejnego rozejmu ze Szwecją. Zawarto go w Sztumskiej Wsi.

▼ W bitwie morskiej pod Oliwą (1627) flota polska pokonała mniejszą, lecz lepiej uzbrojoną flotę szwedzką. Nieprzyjaciel stracił dwa okręty. W boju polegli dowódcy obu walczących wojsk.

KIM BYŁ
Władysław IV Waza (1595-1648), król Polski od 1632 r. Był tolerancyjny, wykształcony, lubił operę. W 1634 r. pokonał Rosję. Podźwignął kraj z gospodarczego upadku wywołanego wojnami prowadzonymi przez ojca.

CO TO ZNACZY
Wojna trzydziestoletnia – ostatnia wielka wojna religijna Europy (1618--1648), prowadzona przez Habsburgów i niemieckich książąt katolickich z obozem protestanckim.

KIM BYŁ
Stanisław Koniecpolski (ok. 1594--1646), hetman wielki koronny. Pobił Szwedów pod Trzcianą (1629), o mało nie biorąc ich króla do niewoli. W 1633 r. odparł najazd Turków.

OGNIOMISTRZ
– podoficer artylerii, ustawiał działo na cel.

Armia szwedzka była szybkostrzelna (jak na owe czasy). Jako pierwsza wprowadziła ładowanie muszkietów odmierzonymi porcjami prochu.

Szwedzi nie zdobyli Gdańska. Miasto otaczały ziemne fortyfikacje, którym ostrzał z armat nie wyrządził większych szkód. Przedpola Gdańska broniły bastiony – niewielkie, silne twierdze.

W Sztumskiej Wsi zawarto rozejm (1635) na 26 lat. Szwedzi zrezygnowali z pobierania cła morskiego i opuścili porty Prus Królewskich. Nie zwrócili jednak Inflant.

Król Władysław IV dbał o obronność kraju. Kazał budować nowoczesne twierdze, a miasta zabezpieczał wałami ziemnymi.

*cło – specjalny podatek od wartości wwożonych lub wywożonych towarów

POWSTANIE CHMIELNICKIEGO

W 1648 roku zbuntowali się Kozacy, ponieważ magnaci chcieli obciążyć ich pańszczyzną. Z pomocą Tatarów pokonali wojska królewskie i szybko zajęli całą Ukrainę. Król Jan Kazimierz, następca Władysława IV Wazy, chciał zawrzeć porozumienie z Kozakami. Obiecał im utworzenie Księstwa Ruskiego i zrównanie w prawach z polską szlachtą wszystkich Kozaków rejestrowych. Miał nadzieję, że uszlachceni Kozacy sami rozprawią się z powstańcami.

Walki toczyły się jednak nadal, ponieważ większość powstańców nie zgodziła się na ugodę z królem.

W 1654 roku Kozacy postanowili przyłączyć Ukrainę do Rosji (unia perejasławska), co spowodowało przystąpienie cara do wojny. Po wieloletnich zmaganiach nastąpił podział Ukrainy między Polskę i Rosję.

> **CO TO ZNACZY**
> *Kozacy rejestrowi* – ujęci w rejestrze; w czasie pokoju za stałą gotowość ruszenia na wojnę otrzymywali niewielki żołd.

GARŁACZ – prosta broń palna nabijana śrutem lub kawałkami żelaza

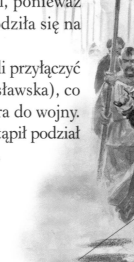

ATAMAN – dowodził Kozakami z jednej osady

◄ *Zamieszkujący Dzikie Pola Kozacy zajmowali się myślistwem, rybołówstwem i uprawą ziemi. Czuli się ludźmi wolnymi, nie zobowiązanymi do odrabiania pańszczyzny.*

FALKONETKA – lekka armatka strzelająca odłamkami

▲ *Pod Beresteczkiem rozegrała się jedna z największych bitew w naszej historii (1651). Król Jan Kazimierz pokonał około 100-tysięczną armię kozacko-tatarską. Zwycięstwa nie wykorzystano do stłumienia powstania, ponieważ szlachta rozjechała się na żniwa.*

KIM BYŁ

Jan Kazimierz (1609-1672), syn Zygmunta III Wazy. Zanim został królem Polski (1648, w 1668 zrzekł się tronu), był dowódcą lisowczyków, wicekrólem* Portugalii, więźniem władcy Francji, a także zakonnikiem i kardynałem.

Bunty chłopskie, organizowane przez wysłanników Chmielnickiego, wybuchały także w Wielkopolsce oraz na Podhalu, gdzie chłopi pod wodzą Kostki Napierskiego zdobyli nawet zamek Czorsztyn.

Zasięg powstania Chmielnickiego.

Konflikt zaostrzały różnice religijne. Szlachta polska starała się zaprowadzić na Ukrainie katolicyzm. Natomiast zamieszkujący te ziemie chłopi i Kozacy wyznawali prawosławie.

KIM BYŁ

Bohdan Chmielnicki (ok. 1595-1657), hetman kozacki, przywódca powstania ukraińskiego. Dążył do utworzenia Księstwa Ruskiego w ramach Rzeczypospolitej. Zawarł sojusze z Tatarami i Rosją.

*wicekról – zastępca króla posiadający niemal takie same uprawnienia

67

POTOP SZWEDZKI

Działo się to w latach **1655-1660**

Król szwedzki Karol Gustaw chciał panować nad Bałtykiem. Gdy najechał Polskę, część szlachty przeszła na jego stronę, spodziewając się nagród. Szwedzi, niszcząc ziemie Rzeczypospolitej niczym biblijny potop, zajęli większość miast. Straszliwe grabieże wywołały opór całego narodu. Do walki poderwał Polaków powrót króla Jana Kazimierza ze Śląska (1656), gdzie schronił się przed Szwedami. Polacy tworzyli oddziały partyzanckie. Prowadzili uciążliwą dla najeźdźcy wojnę szarpaną i szybko odzyskiwali utracone tereny. Karola Gustawa poparł elektor* brandenburski. Był on lennikiem Polski, ponieważ posiadał Prusy Książęce. Aby z powrotem przeciągnąć go na swoją stronę, Jan Kazimierz zwolnił elektora z przysięgi lennej (1657). Po wyparciu najeźdźcy z Rzeczypospolitej wojna jeszcze długo toczyła się w Skandynawii. Zakończył ją dopiero pokój w Oliwie (1660).

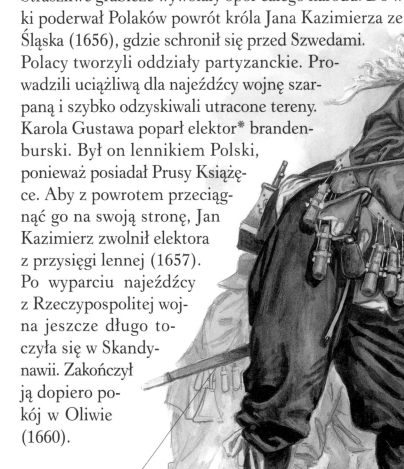

MUSZKIET – broń palna; niosła na 200 m

BANDOLIER – pas do noszenia kul i prochownicy

RAPIER – biała broń kłująca

FORKIET – widełki, którymi podpierano muszkiet

M. SZYSZKO

◀ *Szwedzi całkowicie zrujnowali okupowane** tereny. W wielu wioskach i miastach najbardziej zniszczonej Wielkopolski przeżył tylko co piąty mieszkaniec.*

Magnacki zamek Krzyżtopór uznawany był za jeden z najwspanialszych w Europie. Szwedzi złupili go doszczętnie. Wywieźli nawet rzeźbione okna i marmurowe żłoby.

◀ *Pod koniec 1655 r. Szwedzi usiłowali zdobyć klasztor na Jasnej Górze koło Częstochowy. Chcieli zagarnąć zgromadzone w nim skarby. Klasztor był silną, dobrze umocnioną twierdzą, więc mimo niewielkiej załogi zwycięsko przetrwał dwumiesięczne oblężenie.*

Na mocy pokoju zawartego przy tym stole w klasztorze w Oliwie Szwecji przypadły prawie całe Inflanty, a Jan Kazimierz zrzekł się praw do tronu szwedzkiego.

CO TO ZNACZY

Wojna szarpana – *podjazdowa; polscy żołnierze, unikając dużych bitew, znienacka atakowali niewielkie oddziały wroga.*

Bałtyk

Pomorze

KSIĘSTWO PRUSKIE

WIELKIE KSIĘSTWO LITEWSKIE

Śląsk

KORONA

• Warszawa

CZECHY

Kraków•

•Lwów

WĘGRY

Zasięg zdobyczy szwedzkich.

KIM BYŁ

Stefan Czarniecki (1599-1665), *mistrz wojny szarpanej. Dzięki zasługom wojennym z prostego szlachcica wyrósł na wielkiego magnata, a na łożu śmierci otrzymał buławę hetmana polnego koronnego.*

*elektor – książę niemiecki, mający prawo wyboru cesarza
**okupacja – zajęcie obcego terytorium przy pomocy wojska i sprawowanie na nim władzy

ROZKŁAD DEMOKRACJI SZLACHECKIEJ

Działo się to w latach **1663-1668**

KUFEL CECHOWY – używany z okazji świąt cechu

MEBLE GDAŃSKIE – masywne, rzeźbione, bardzo drogie

CZELADNIK – samodzielny rzemieślnik bez własnego warsztatu

W XVII wieku sejmy nie potrafiły uchwalić potrzebnych praw czy podatków, ponieważ posłowie jednoczyli się tylko w razie wielkiego zagrożenia. Wykorzystywali to magnaci. Mieli oni coraz większy wpływ na obrady sejmu.
Po potopie szwedzkim król Jan Kazimierz chciał zastąpić prawo liberum veto głosowaniem większościowym*. Zamierzał wprowadzić stałe podatki i wybór następcy

A TO CIEKAWE
W 1652 r. po raz pierwszy jeden poseł, Władysław Siciński, zerwał sejm, wykorzystując prawo liberum veto. Grupa posłów goniła zuchwalca przez pół Warszawy, by siłą zmusić go do cofnięcia sprzeciwu. Niestety, ich wysiłki na nic się nie zdały.

PIEC WIELKI
– był ozdobą pomieszczenia,
rzadko w nim palono

PORTRETY
PRZODKÓW

SIEŃ – reprezentacyjny
przedsionek

M. Szyszło

KIM BYŁ

Jerzy Lubomirski (1616-1667), hetman polny koronny. Przywódca szlachty wrogiej reformom. Sądownie pozbawiony przywilejów, wszczął rokosz i rozbił wojska królewskie w bitwie pod Mątwami (1666).

CO TO ZNACZY

Liberum veto – „wolne nie pozwalam" (łac.); jeden poseł mógł sprzeciwić się większości, ponieważ na sejmach obowiązywała zasada jednomyślności.

◄ *Odbudowę kraju z wojennych zniszczeń utrudniał spadek światowych cen zboża. Malały dochody szlachty i mieszczan. Nawet Gdańsk nie powrócił do świetności sprzed potopu szwedzkiego, mimo że miejscowe rzemiosło przeżywało największy rozkwit.*

*głosowanie większościowe – o wyniku
  decyduje większość głosów
**abdykacja – dobrowolne zrzeczenie się
  korony

Sejmiki ziemskie – powiatowe i wojewódzkie – często głosowały zgodnie z wolą magnatów.

Magnaci rywalizowali ze sobą nie tylko o wpływy polityczne. Budowali też coraz okazalsze i piękniejsze siedziby.

Jezuici, odbudowując zniszczone po potopie kościoły, upowszechnili w Polsce nowy styl – barok, pełen złoceń i detali.

W II poł. XVII w. Gdańsk słynął z bursztynowych wyrobów. Dzieła mistrzów bursztyniarzy cieszyły się uznaniem w całej Europie.

władcy jeszcze za życia poprzednika. Reformy miały wzmocnić armię, sejm oraz ukrócić targi o koronę. Szlachta sprzeciwiła się tym zmianom. Król starał się więc przekupić lub zastraszyć przeciwników politycznych. Wywołało to wojnę domową zwaną rokoszem Lubomirskiego (1665-1666). Pokonany Jan Kazimierz zrezygnował z reform. W 1668 roku abdykował** i wyjechał do Francji.

NA SKRAJU KLĘSKI

▲ *Ulubioną formacją wojskową Jana III Sobieskiego była dragonia – żołnierze mogący walczyć zarówno konno, jak i pieszo, przydatni podczas prac fortyfikacyjnych.*

▼ *Wojny z Turcją sprowadziły na Polskę wiele nieszczęść, ale przyczyniły się też do upowszechnienia wschodniej mody i stylu życia. Magnaci utrzymywali prywatnych „janczarów" i orkiestry „tureckie". Szlachta ceniła ozdobną broń wschodnią.*

KIM BYŁ
Jerzy Wołodyjowski (ok. 1620-1672), pułkownik. Zubożały szlachcic kresowy, który wolał wojnę od pokoju, gdyż zapewniała mu źródło utrzymania. Komendant Kamieńca. Stał się pierwowzorem bohatera powieści historycznych Henryka Sienkiewicza.

PAS LITY – z jedwabiu, ze złotymi guzami

TOPÓR CEREMONIALNY – odpowiednik buławy, symbol tureckiego magnata

KAŁKAN – tarcza obciągnięta jedwabiem i ozdobiona klejnotami

„JANCZAR" MAGNACKI – przebrany sługa lub chłop

Po abdykacji Jana Kazimierza Wazy królem został jeden z książąt kresowych, Michał Korybut Wiśniowiecki. Sprzyjał on Habsburgom. Doprowadziło to do wojny z Turcją, która była wrogiem rządzonej przez Habsburgów Austrii i jej sojuszników.

W 1672 roku sułtan prawie bez walki zajął Podole. Opór stawiała jedynie twierdza Kamieniec. Bezbronna, pozbawiona armii Rzeczpospolita zawarła upokarzający traktat w Buczaczu. Odstąpiliśmy Turcji zajęte przez nią ziemie i zgodziliśmy się na płacenie stałego, wysokiego haraczu*.

W następnym roku hetman Jan Sobieski zwyciężył Turków pod Chocimiem. Bitwa nie odmieniła losów wojny. Sława zwycięzcy sprawiła jednak, że po śmierci Michała Korybuta obrano go królem.

Jan III Sobieski miał za małą armię, by odzyskać Podole, ale dzięki swoim zdolnościom wojskowym odparł kolejne najazdy Turków. Wojnę zakończył rozejm w Żórawnie. Na jego mocy sułtan zrezygnował jedynie z haraczu.

Kamieniec Podolski – najpotężniejsza (obok Gdańska i Zamościa) twierdza Rzeczypospolitej. Jej załoga miała za mało armat i prochu, dlatego poddała zamek Turkom.

Sułtan także dysponował ciężkozbrojną jazdą. Pancerni posiadali bardzo ostre i drogie szable z damasceńskiej stali.

Dopiero po pokoju karłowickim, w 1699 r., Turcja zwróciła zajęte Podole i prawobrzeżną Ukrainę.

KIM BYŁ
Michał Korybut Wiśniowiecki (1640-1673), *syn słynnego wodza z czasów powstania Chmielnickiego – księcia Jeremiego. Mimo wszechstronnego wykształcenia był nieudolny i niezbyt popularny. Wybrano go na króla ze względu na zasługi ojca.*

*haracz – danina lenna

73

Ostatni z wielkich

N a początku swego panowania król Jan III Sobieski próbował odzyskać Śląsk i Prusy Książęce. Szlachta nie chciała jednak walczyć o te ziemie. Domagała się natomiast powrotu na zajęte przez Turcję Podole, bo właśnie tam utraciła wielkie majątki. Monarcha związał się więc z Habsburgami, by wspólnie z nimi pokonać sułtana tureckiego. Dowodząc wojskami polsko-niemiecko-austriackimi, rozbił w 1683 roku armię turecką oblegającą Wiedeń. W bitwie nie brali udziału niechętni królowi Litwini, którzy celowo spóźnili się na wojnę.

Ostatnie wielkie zwycięstwo odniósł Jan III pod Parkanami, gdzie powracających spod Wiednia Polaków zaatakowali niespodziewanie Turcy. Próba naprawy państwa, podjęta przez władcę po wojnie, nie powiodła się. Szlachta nie poparła reform, uznając każdą z nich za zamach na swoją złotą wolność.

▶ *Po zwycięstwie nad Turkami pod Wiedniem papież ogłosił Jana III obrońcą wiary. Przesłał mu też symboliczny miecz.*

DRAGON – konny żołnierz uzbrojony w muszkiet, szablę i siekierkę

A TO CIEKAWE
Zdobyte pod Wiedniem zapasy kawy Jan III Sobieski podarował Franciszkowi Kulczyckiemu. Otworzył on w Wiedniu pierwszą w chrześcijańskiej Europie kawiarnię.

▲ *O wiktorii* wiedeńskiej (zwanej „odsieczą Wiednia") przesądziła piechota Sobieskiego. Przebijając się w stronę tureckiego obozu, zasypywała rowy i niszczyła zasieki. Równając teren, umożliwiła szarżę** konnicy (husarii), która stratowała wroga.*

KIM BYŁ
Jan III Sobieski *(1629-1696), hetman wielki koronny, od 1674 r. król Polski; zwolennik reform i przymierza*** z Francją. Znakomity dowódca; pokonał Turków, Tatarów i Kozaków.*

KIM BYŁA
Maria Kazimiera, Marysieńka *(1641-1716), Francuzka, żona Jana III Sobieskiego, adresatka przepięknych listów pisanych przez męża.*

W Wilanowie na życzenie Sobieskiego powstał wspaniały barokowy pałac, otoczony przestronnym ogrodem.

CO TO ZNACZY
Złota wolność – przywileje i prawa szlachty, uznawane przez nią za podstawę potęgi kraju.

Pod Wiedniem Polacy zdobyli wiele cennych łupów: tkaniny, ozdoby, broń, konie i kosztowne namioty.

Do przyjaciół króla należał słynny astronom Jan Heweliusz. Jeden z gwiazdozbiorów nazwał on Tarczą Sobieskiego.

PANCERNY – żołnierz polskiej jazdy lekkiej

SAJDAK – ozdobny kołczan na strzały

CZAPRAK – wzorzysta kapa pod siodło

*wiktoria – dawniej: zwycięstwo (z łaciny)
**szarża – uderzenie rozpędzonej konnicy
***przymierze – umowa o współpracy wojskowej i pomocy na wypadek wojny

KŁÓTNIE O KORONĘ

Działo się to w latach **1697-1717**

P o śmierci Jana III Sobieskiego królem obrano Augusta Mocnego z Saksonii. W 1700 roku, bez zgody polskiego sejmu, wspólnie z Rosją zaatakował on szwedzkie Inflanty. Został pokonany, a Szwedzi spustoszyli Polskę. Najeźdźcy skłonili część szlachty, by wybrała nowego króla. Został nim Stanisław Leszczyński. Stronnicy obu władców nie zaprzestawali walk. Korzystając z osłabienia Rzeczypospolitej, jej były lennik – elektor brandenburski, koronował się na króla Prus.

August II Mocny wrócił na tron w 1709 roku, po zwycięstwie Rosji nad Szwecją. Chciał wzmocnić władzę królewską. Dążył do odzyskania Śląska, który należał do cesarza, a oddzielał Polskę od Saksonii. Działania króla wywołały kolejną wojnę domową (1715-1717). Walczące stronnictwa pogodził dopiero car Piotr I, który wprowadził do Polski rosyjskie wojska.

A TO CIEKAWE

O Auguście II mówiono, że łamał podkowy i był ojcem 357 dzieci. W rzeczywistości miał dziewięcioro potomków, a przydomek Mocny zawdzięczał zarówno dużej sile, jak i konsekwencji w działaniu.

ŻOŁNIERZE ROSYJSCY

CO TO ZNACZY
Absolutyzm *– ustrój, w którym monarcha ma nieograniczoną władzę.*

KIM BYŁ
August II Mocny *(1670-1733), z dynastii Wettinów, zwolennik absolutyzmu. Wykorzystał spory między magnatami, dążąc do przekształcenia Polski w dziedziczne królestwo.*

ORDER* ORŁA BIAŁEGO
– pierwszy polski order, ustanowiony w 1705 r.

▲ Za panowania Augusta II polskie wojsko umundurowano na wzór saski.

Jeden z alchemików, których zatrudniał August II Mocny, odkrył sekret wyrobu niezwykle wówczas cennej porcelany.

August II Mocny postanowił udostępnić mieszkańcom Warszawy jeden z parków królewskich. Otwarty wówczas Ogród Saski jest najstarszym w Polsce parkiem publicznym.

Za rządów Augusta II nasiliły się prześladowania protestantów. W 1717 r. zabroniono im budowy i remontowania świątyń.

KIM BYŁ

Stanisław Leszczyński (1677-1766), *magnat, dwukrotnie obierany królem Polski. Za ostateczne zrzeczenie się tytułu monarchy otrzymał (dzięki pomocy zięcia, króla Francji) księstwo lotaryńskie. Był wielkim zwolennikiem reform.*

POLSCY POSŁOWIE

*order – zaszczytne odznaczenie; dawniej wykonywany był ze złota i szlachetnych kamieni

◀ *W 1717 r. pod groźbą rosyjskich bagnetów zwołano sejm. Nazwano go Niemym, ponieważ żadnego z posłów nie dopuszczono do głosu. Sejm wprowadził drobne reformy skarbowe, zmniejszył liczbę wojska, ograniczył władzę hetmanów i zabronił saskim ministrom kierowania sprawami Polski.*

SASKIE PANOWANIE

Działo się to w latach **1717-1763**

▼ Gdy w 1724 r. w Toruniu protestanccy mieszczanie zniszczyli kolegium jezuickie, za niedopilnowanie porządku skazano na ścięcie burmistrza i dziewięciu mieszczan. Ta zbyt surowa kara oburzyła całą Europę.

TOPÓR – szlachtę ścinano mieczem, mieszczan toporem, biedaków wieszano

SKAZANIEC

KAT

TRYBUNY – egzekucje uważano za ciekawe widowiska, na które ściągały tłumy gapiów

SZAFOT – rodzaj podwyższenia wznoszonego po to, by tłum mógł lepiej widzieć egzekucję

W 1733 roku o tym, kto będzie królem Polski, zadecydowali Rosjanie. Wygnali wybranego podczas wolnej elekcji Stanisława Leszczyńskiego i zastąpili go synem Augusta II Mocnego, Augustem III Sasem. Był on władcą nieudolnym. Większość czasu spędzał w rodzinnej Saksonii. Chociaż Polska nie brała udziału w wojnach, armie sąsiadów często przechodziły przez jej terytorium, grabiąc i siłą zaciągając Polaków do swych wojsk. Panowanie Sasów uchodzi za czas upadku naszego kraju. Urzędnicy dbali wówczas zwykle o własną kieszeń, prawie wszystkie sejmy zrywano, nie przestrzegano prawa. Szerzyła się nietolerancja i zabobony*; szlachta nie garnęła się do na-

KIM BYŁ
August III Sas (1696-1763), *świetnie wykształcony, ale mierny władca. Mniej interesował się sprawami Polski niż carowie Rosji. Jako elektor saski przegrał wojnę z Prusami.*

78

KIM BYŁ

Stanisław Konarski (1700-1773), członek zakonu pijarów, poeta, pisarz polityczny. Zreformował szkoły prowadzone przez pijarów, do których wprowadził nowy program. Autor dzieła O skutecznym rad sposobie.

W XVIII w. magnaci żyli odgrodzeni od społeczeństwa. Nawet w kościołach budowano specjalne loże, w których siedząc, uczestniczyli we mszy.

▶ *Popularny wśród szlachty stał się strój narodowy.*

Ciekawym przykładem polskiej sztuki XVII-XVIII w. są portrety trumienne. Malowano je po śmierci szlachcica, a na czas pogrzebu przytwierdzano do trumny.

CO TO ZNACZY

Nietolerancja – brak zrozumienia dla poglądów innych ludzi i prześladowanie ich z tego powodu.

GŁOS WOLNY WOLNOŚĆ UBESPIECZAIĄCY.

ELEMENTUM MEUM LIBERTAS

ROKU PANSKIEGO
M DCC XXXIII

Głos wolny wolność ubespieczający zalecał reformę wolnej elekcji i ograniczenie pańszczyzny. Pod drukiem widnieje podpis Stanisława Leszczyńskiego.

uki, uważając, że z racji urodzenia posiada wszelką potrzebną wiedzę. Nie wszystko jednak wyglądało źle. Kryzys państwa skłonił postępowych Polaków do przygotowania reform. Drukowano pisma nawołujące do rozwagi, zakładano biblioteki i nowoczesne szkoły.

* zabobon – wiara w czary i cuda

PIERWSZY ROZBIÓR POLSKI

CO TO ZNACZY
Konfederacja barska – powstanie (1768-1772), którego celem było usunięcie Rosjan z Polski oraz obrona zagrożonych reformami króla swobód szlacheckich.

KRÓL – zapraszał na obiady czwartkowe zwolenników reform

GOŚCIE – rozmawiali o polityce i literaturze

FAJANS – produkowany w zakładzie króla, w Belwederze

A TO CIEKAWE
Legenda związana z zamordowaniem biskupa Stanisława w XI w. głosi, że żaden król noszący to imię nie spocznie po śmierci na Wawelu. Rzeczywiście, szczątki Poniatowskiego spoczywały w Petersburgu, w Wołczynie, a w 1995 r. złożono je w Warszawie.

Stanisław August Poniatowski, obrany władcą po śmierci Augusta III Sasa, nie cieszył się szacunkiem starych polskich rodów. Tron zawdzięczał carycy Katarzynie (która liczyła na to, że będzie jej posłuszny) oraz Czartoryskim. Ci potężni magnaci pragnęli za jego pośrednictwem zreformować kraj. Władczyni Rosji nie zależało na zmianach, więc zamiast króla Polską rządzili jej ambasadorzy*. Korzystali przy tym z pomocy przekupnych magnatów.

Kiedy Stanisław August zdołał uniezależnić się od Rosji i poparł reformy Czartoryskich, agenci carycy podburzyli przeciwko niemu szlachtę. Katarzyna wiedziała, że im mniejsza będzie popu-

▶ *Konfederaci barscy próbo-
wali porwać króla. Po tym
wydarzeniu stracili poparcie
postępowych krajów Europy
zachodniej.*

*W XVIII w. barok (styl w sztuce)
zamienił się w bardziej delikatne rokoko.
W nowym stylu Stanisław August zbu-
dował w warszawskich Łazienkach
Pałac na Wodzie.*

*W 1775 r. sejm bez większego sprzeciwu
zatwierdził pierwszy rozbiór. Jedynie
jeden z posłów – Tadeusz Rejtan –
własnym ciałem próbował zatarasować
drzwi wiodące do sali posiedzeń, by nie
dopuścić do głosowania.*

KIM BYŁ
Stanisław August Poniatowski *(1732-1798),
ostatni król Polski. Reformował kraj, dbał
o oświatę i rozwój przemysłu, był mecenasem
sztuki. Zbytnią uległością wobec Rosji zniechę-
cił do siebie naród.*

◀ *Stanisław August wiele uwagi poświęcał
sprawom kultury. W Łazienkach, co czwartek,
wydawał słynne obiady dla ludzi nauki i sztuki.
Spotkania czwartkowe dawały gościom
sposobność wymiany doświadczeń i poglądów.*

*Nadwornym malarzem króla był
wenecjanin Bernardo Bellotto, zwany
Canaletto. W swych pejzażach utrwalił
piękno XVIII-wiecznej Warszawy
i życie jej mieszkańców.*

larność króla, tym bardziej będzie on potrze-
bował pomocy Rosji i jej wojsk.
W 1768 roku szlachta zawiązała konfedera-
cję barską i ogłosiła detronizację Poniatowskiego. Wieloletnie walki wyniszczyły kraj.
Prusy, Rosja i Austria wykorzystały to i dokonały pierwszego rozbioru. W 1772 roku
Polska utraciła 1/3 swego terytorium.

*ambasador – najważniejszy
przedstawiciel państwa dbający
o jego interesy na terenie
obcego kraju

KIM BYŁ
Kazimierz Pułaski *(1747-1779), generał, uczestnik
konfederacji barskiej. Po jej upadku uciekł z kraju,
oskarżony o próbę zabicia króla. Zginął, walcząc
o niepodległość Stanów Zjednoczonych.*

WIWAT 3 MAJ!

▲ *Król popierał rozwój manufaktur – zakładów produkujących nieskomplikowane wyroby.*

P o pierwszym rozbiorze zwolennicy idei oświecenia starali się poprawić sytuację kraju. Prasa polityczna uczyła patriotyzmu. Przybywało szkół i teatrów. Polska szybko podnosiła się z wojennych zniszczeń. Do wielkich reform przystąpiono, kiedy Prusy zaproponowały nam przymierze. Polacy liczyli, że dzięki sojusznikowi uzyskają pełną niezależność. Tymczasem Prusy chciały jedynie doprowadzić do konfliktu Polski z Rosją, aby zagarnąć kolejne ziemie. Najważniejsze decyzje o reformach zapadły podczas Sejmu Czteroletniego (1788-1792), zwanego Wielkim. Uchwalono wówczas Konstytucję 3 maja (1791), która wprowadzała wiele zmian w państwie. Caryca Katarzyna, obawiając się odrodzenia Polski, skłoniła niezadowolonych z konstytucji magnatów do zawiązania konfederacji targowickiej i na ich „gorące prośby" przywróciła w Polsce dawny ustrój. Mimo bohaterskiego oporu polska armia uległa liczniejszym wojskom rosyjskim. Prusy wraz z Rosją w 1793 roku dokonały drugiego rozbioru.

KIM BYŁ
Hugo Kołłątaj (1750-1812), ksiądz, rektor Akademii Krakowskiej, współautor Konstytucji 3 maja. Skupił wokół siebie grupę reformatorów zwaną Kuźnicą Kołłątajowską.

CO TO ZNACZY
Oświecenie *– idee głoszące w XVIII w., że poznanie świata i szerzenie oświaty pozwoli zbudować lepsze społeczeństwo.*

KIM BYŁ
Stanisław Szczęsny Potocki (1751--1805), wojewoda ruski, marszałek konfederacji targowickiej. Przeciwnik reform; uważał, że krajem powinni rządzić wyłącznie magnaci. Najsłynniejszy polski zdrajca. Przyjął od carycy Katarzyny stopień generała wojsk rosyjskich.

W 1792 r. król ustanowił order Virtuti Militari (Cnocie Wojskowej) przyznawany za zasługi na polu walki. Jako pierwszy otrzymał go książę Józef Poniatowski. Order ten do dziś jest najwyższym polskim odznaczeniem wojskowym.

Od 1765 r. w Szkole Rycerskiej kształcono nieliczną, ale świetnie przygotowaną kadrę wojskową. Uczniem szkoły był m.in. Tadeusz Kościuszko.

USTAWA RZĄDOWA.
PRAWO UCHWALONE.
Dnia 3. Maia, Roku 1791.
w WARSZAWIE,
w Drukarni Uprzywilejowaney M. GRÖLLA,
Księgarza Nadwornego J. K. Mci.
Ustawa Rządowa – tytuł I wydania tekstu

Konstytucja 3 maja była pierwszym w Europie, a drugim na świecie (po konstytucji Stanów Zjednoczonych) spisanym zbiorem najważniejszych praw kraju.

LASKA MARSZAŁKOWSKA
– oznaka władzy marszałka sejmu

KONSTYTUCJA – zbiór najważniejszych praw i obowiązków obywateli danego kraju

KONFEDERATKA – noszona na pamiątkę konfederacji barskiej

ZAMEK KRÓLEWSKI
– miejsce obrad Sejmu Czteroletniego

◀ *Konstytucja 3 maja znosiła wolną elekcję i liberum veto, a wprowadzała dziedziczność tronu i głosowanie większościowe. Dawała także prawa polityczne osobom majętnym: szlachcie i mieszczanom, chłopom zaś zapewniała opiekę państwa.*

POWSTANIE KOŚCIUSZKOWSKIE

Działo się to w latach **1794-1795**

▼ *W traktacie rozbiorowym zajęty przez Prusy Kraków przypadł Austrii. Prusacy, opuszczając miasto, ukradli insygnia królewskie, symbol niepodległości i wielkości Polski.*

Przywróciwszy „porządek" w Polsce, wojska carskie już jej nie opuściły. Targowiczanie, do których w końcu przystąpił także król Stanisław August Poniatowski, objęli rządy i prześladowali zwolenników Konstytucji 3 maja. Patrioci w tajemnicy przygotowali powstanie. Jego naczelnikiem* został Tadeusz Kościuszko. W 1794 roku ogłosił on w Krakowie początek insurekcji**. Wkrótce pokonał Rosjan pod Racławicami. Zwycięstwo poderwało naród do walki. Część szlachty nie poparła jednak powstania, ponieważ jego organizatorzy zamierzali znieść pańszczyznę i ustanowić równe prawa dla wszystkich.

Przeciw Polsce wystąpiły Prusy i Rosja, rozbijając niewielkie siły Kościuszki. W bitwie pod Maciejowicami sam naczelnik dostał się do niewoli. Insurekcję zakończyło zdobycie przez Rosjan Warszawy – wówczas to mieszkańcy jednej z dzielnic, Pragi, zostali okrutnie wymordowani.

W 1795 roku zaborcy (Rosja, Austria i Prusy) dokonali trzeciego rozbioru i Polska zniknęła z mapy Europy.

ŻOŁNIERZ ROSYJSKI

KIM BYŁ
Tadeusz Kościuszko *(1746-1817), naczelnik powstania, generał, honorowy obywatel Francji. Zdobył sławę, walcząc o wolność Stanów Zjednoczonych oraz w obronie Konstytucji 3 maja.*

▲ *Niechęć do targowiczan była tak wielka, że lud Warszawy bez wyroku sądowego powiesił kilkunastu zdrajców.*

Rozbiory Polski.

CO TO ZNACZY
Kosynierzy – oddziały piechoty chłopskiej, uzbrojone – z powodu braku broni palnej – w kosy osadzone na drzewcu na sztorc. Walczyli w powstaniu kościuszkowskim.

▼ *Uniwersał wydany przez Kościuszkę w Połańcu zniósł pańszczyznę chłopów, którzy wstąpili do polskiej armii. Kosynierzy odznaczyli się w zwycięskiej bitwie pod Racławicami, zdobywając rosyjskie armaty.*

Pamięć Kościuszki otoczono wielką czcią. Jego zwłoki złożono na Wawelu. Pod Krakowem usypano kopiec jego imienia, odwiedzany w okresie zaborów przez polskich patriotów.

KOSA – osadzona na sztorc była bronią kosynierów

KOSYNIER

A TO CIEKAWE
Pod Racławicami kosynier Bartosz pierwszy dobiegł do rosyjskich armat. Ponieważ jedna, wymierzona w Polaków, już miała wystrzelić, zgasił jej lont czapką. W nagrodę otrzymał szlachectwo.

*naczelnik – tu: wódz narodu, przywódca wojska
**insurekcja – powstanie (z łaciny), termin używany na określenie powstania kościuszkowskiego

KSIĘSTWO WARSZAWSKIE

KIM BYŁ
Jan Henryk Dąbrowski *(1755-1818),
generał, organizator Legionów Polskich
we Włoszech, zwolennik odbudowy
Polski pod zwierzchnictwem Napoleona. Naczelny dowódca powstania
w Wielkopolsce w 1806 r.*

CO TO ZNACZY
**Legiony Polskie we
Włoszech** *– oddziały
złożone wyłącznie
z Polaków; obowiązywało w nich umundurowanie polskie,
współdziałały z Napoleonem.*

LEGIA HONOROWA – najwyższe
odznaczenie francuskie

LANCA – swobodnie
operowano nią w walce

W 1797 roku we Włoszech powstały Legiony Polskie. Na ich utworzenie wyraził zgodę generał Napoleon Bonaparte, późniejszy cesarz Francuzów. Polacy chętnie wstępowali do Legionów, spodziewając się, że będą walczyć o niepodległe państwo. Jednak kiedy wojna się skończyła, zostały one rozwiązane.

Nadzieje na niepodległość odżyły po wybuchu nowej wojny. Po koronacji Napoleona na cesarza Prusy zaatakowały Francję, lecz zostały pokonane. Na wieść o zbliżającej się armii francuskiej w Wielkopolsce wybuchło powstanie (1806). Napoleon wkroczył do wolnego już Poznania. Aby zjednać sobie Polaków, w 1807 roku utworzył z ziem drugiego i trzeciego zaboru pruskiego Księstwo

▼ *Małe Księstwo Warszawskie wystawiło w kampanii 1812 r. ogromną – 115-tysięczną armię. Przed rozbiorami Polska, znacznie większa i bogatsza, nigdy nie była w stanie zgromadzić takich sił.*

Warszawskie. Później powiększył je o część Galicji*, którą polskie wojska zajęły podczas wojny z Austrią.

W 1812 roku ogromna armia Napoleona, w której skład weszły także oddziały Księstwa Warszawskiego, ruszyła na Rosję. Poniosła klęskę. Powróciły tylko wyniszczone mrozem niedobitki, a wojska rosyjskie wkroczyły do Warszawy.

Władcą Księstwa Warszawskiego został król saski Fryderyk August, a najwyższym zwierzchnikiem sam Napoleon.

Napoleon nadał Księstwu Warszawskiemu konstytucję oraz kodeksy: cywilny i handlowy. Były one podstawą nowoczesnego prawa.

SZWOLEŻER – umundurowany na modłę francuską

Polscy żołnierze, mimo klęski wyprawy moskiewskiej, nie opuścili Napoleona. Walczyli później pod Lipskiem, gdzie książę Józef Poniatowski utonął w rzece Elsterze.

KIM BYŁ

Józef Poniatowski *(1763-1813), bratanek ostatniego króla Polski, naczelny wódz wojsk Księstwa Warszawskiego. Słynął z odwagi i zamiłowania do rozrywek. Jako jedyny obcokrajowiec został marszałkiem Francji.*

◄ *Polscy żołnierze dzielnie walczyli u boku Napoleona we wszystkich prowadzonych przez niego wojnach. Największą sławę zdobyli szarżą w wąwozie Somosierra (1808). Dwustu polskich szwoleżerów** w ciągu ośmiu minut zdobyło pozycje bronione przez 10 tysięcy Hiszpanów i 16 dział.*

*Galicja – nazwa ziem polskich znajdujących się pod zaborem austriackim
**szwoleżer – ułan służący w przybocznej gwardii Napoleona

87

KRÓLESTWO POLSKIE

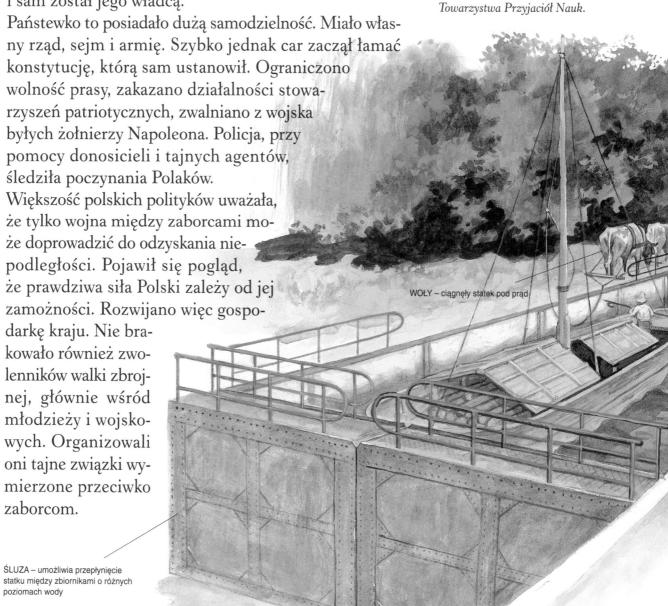

KIM BYŁ
*Stanisław Staszic (1755-1826), uczony,
polityk, ksiądz. Rozwijał życie gospodarcze
i naukowe w Polsce, kierował ważnymi
komisjami rządowymi, był prezesem
Towarzystwa Przyjaciół Nauk.*

P o klęsce Napoleona zwycięskie państwa, na kongresie wiedeńskim, zdecydowały o dalszych losach ziem polskich. Car Aleksander I odstąpił Prusom tylko zachodni skrawek Księstwa Warszawskiego. Z reszty utworzył Królestwo Polskie i sam został jego władcą.

Państewko to posiadało dużą samodzielność. Miało własny rząd, sejm i armię. Szybko jednak car zaczął łamać konstytucję, którą sam ustanowił. Ograniczono wolność prasy, zakazano działalności stowarzyszeń patriotycznych, zwalniano z wojska byłych żołnierzy Napoleona. Policja, przy pomocy donosicieli i tajnych agentów, śledziła poczynania Polaków.

Większość polskich polityków uważała, że tylko wojna między zaborcami może doprowadzić do odzyskania niepodległości. Pojawił się pogląd, że prawdziwa siła Polski zależy od jej zamożności. Rozwijano więc gospodarkę kraju. Nie brakowało również zwolenników walki zbrojnej, głównie wśród młodzieży i wojskowych. Organizowali oni tajne związki wymierzone przeciwko zaborcom.

WOŁY – ciągnęły statek pod prąd

ŚLUZA – umożliwia przepłynięcie statku między zbiornikami o różnych poziomach wody

▲ Wodzem armii Królestwa Polskiego został brat cara, wielki książę Konstanty. Jego ulubioną rozrywką były parady wojskowe.

W sztuce Królestwa Polskiego dominował klasycyzm. Styl ten nawiązywał do kultury starożytnej Grecji i Rzymu. Np. pomnik Józefa Poniatowskiego łudząco przypominał posąg rzymskiego cezara.

◀ Ważną inwestycją rządu Królestwa Polskiego była budowa Kanału Augustowskiego (1824-1839), łączącego Wisłę z Niemnem. Umożliwiał on eksport* polskich towarów przez rosyjskie porty z pominięciem portów niemieckich, pobierających wysokie cła.

M. Syszko

W swej rezydencji w Puławach Czartoryscy założyli pierwsze polskie muzeum. Zgromadzono tam liczne dzieła sztuki i pamiątki narodowe.

CO TO ZNACZY
Kongres wiedeński – spotkanie w Wiedniu (1814-1815), podczas którego Rosja, Prusy i Austria ustaliły strefy wpływów w Europie i postanowiły wspólnie zwalczać każdą rewolucję.

A TO CIEKAWE
Na początku wielu Polaków uważało cara Aleksandra za postępowego władcę. Na jego cześć napisano pieśń *Boże, coś Polskę*, pierwotnie kończącą się prośbą: „Naszego cara pobłogosław, Panie".

*eksport – sprzedaż krajowych towarów i usług za granicę

POWSTANIE LISTOPADOWE

Działo się to w latach **1830-1831**

Nocą 29 listopada 1830 roku w Warszawie kilkunastu podchorążych, należących do tajnego związku Piotra Wysockiego, zaatakowało Rosjan. Spiskowców poparli mieszkańcy stolicy i rankiem miasto było wolne. Naród żądał pełnej niepodległości, lecz politycy liczyli na porozumienie z Rosją. Generał Chłopicki, dyktator powstania, nie zdecydował się uderzyć na rozproszone oddziały wroga. Pierwsze walki stoczono dopiero w lutym 1831 roku – pod Stoczkiem, Wawrem i Grochowem, gdzie zmuszono do odwrotu maszerującą na Warszawę armię carską. Chłopicki zrezygnował ze stanowiska, ale jego następcy okazali się jeszcze bardziej nieudolni i nie wykorzystali zwycięstw pod Wawrem czy Iganiami. Prowadzili rozmowy z carem. Bali się też zwolnić chłopów z pańszczyzny, by przyciągnąć ich do powstania.

Po krwawych bojach wojska rosyjskie zajęły Warszawę. Upadek stolicy przesądził o zaprzestaniu walk.

CO TO ZNACZY
Dyktator – człowiek mający nieograniczoną władzę.

A TO CIEKAWE
W 1831 r. sejm oficjalnie uchwalił, że państwowymi barwami Polski są biel i czerwień.

Belweder był siedzibą wielkiego księcia Konstantego. Powstańcy, chcąc go schwytać, a może nawet zabić, pierwsze uderzenie skierowali na pałac. Konstanty zdołał jednak zbiec.

KIM BYŁ
Piotr Wysocki *(1797-1875), zwolennik walki o niepodległość, instruktor* w warszawskiej Szkole Podchorążych Piechoty. Zorganizował tajny związek patriotyczny i planował zamach na cara. W 1834 r. został skazany na 20 lat zsyłki**.*

KIM BYŁ
Józef Chłopicki *(1771-1854), dowódca i polityk. Przez całe życie walczył o wolność Polski, ale jako dyktator powstania wolał układy z carem. Dowodził w bitwie pod Grochowem.*

Wprawdzie car koronował się (1829) bez zgody narodu i sejmu, ale oficjalnie był królem Polski. W styczniu 1831 r. sejm ogłosił detronizację Mikołaja I.

KAPELUSZ – po trójgraniastym poznawano wyższego oficera

REDUTA – silny punkt oporu

WAŁY – skuteczniej niż mury chroniły przed ostrzałem

KOSZE – noszono w nich ziemię do usypywania wałów

Bałtyk

KRÓLESTWO PRUSKIE

✗Ostrołęka

✗Grochów
✗Warszawa • Iganie✗
Dębe • Stoczek✗
Wielkie✗

ROSJA

KRÓLESTWO POLSKIE

CESARSTWO AUSTRIACKIE

W 1831 r. Polacy stoczyli kilkanaście większych bitew. Przegrali tylko dwie. Ostatnim punktem oporu powstania listopadowego był Zamość, który skapitulował 21 października.

*instruktor – dawniej nauczyciel musztry i wojskowości
**zsyłka – zesłanie w odległe strony Imperium Rosyjskiego; więźniów wywożono na Sybir lub do Kazachstanu

▲ Na wieść o nadciągającym nieprzyjacielu mieszkańcy Warszawy zgodnie przystąpili do obrony miasta. Atak Rosjan spowodował jednak, że już po dwóch dniach stolica skapitulowała.

WIELKA EMIGRACJA

NUTY – zapis muzyki; własne utwory Chopin grywał z pamięci

FORTEPIAN – najmodniejszy instrument muzyczny w XIX w.

POLONEZ – polski taniec narodowy; dostojny i stateczny

P o stłumieniu powstania listopadowego Rosjanie rozpoczęli prześladowanie jego uczestników. Tysiące Polaków uwięziono, car skonfiskował* co dziesiąty majątek i odebrał Królestwu Polskiemu resztki samodzielności. Z obawy przed represjami kraj opuściło 11 tysięcy patriotów, w tym prawie wszyscy wybitni politycy i intelektualiści**. Emigranci osiedlali się głównie we Francji, Anglii i Stanach Zjednoczonych.

Z inicjatywy historyka Joachima Lelewela powołano w Paryżu Komitet Narodowy Polski, mający jednoczyć emigrację. Pozostała jednak skłócona, rozbita na grupy różniące się poglądami na temat sposobu odzyskania niepodległości. Emigranci wysyłali do kraju emisa-

> *CO TO ZNACZY*
> **Romantyzm** – prąd artystyczny, literacki i filozoficzny I poł. XIX w. Odwoływał się do uczuć, marzeń, baśni. Popierał walkę o niepodległość i prawo każdego człowieka do indywidualności.

▲ *Przebywający na emigracji artyści wspierali sprawę polską. Uczestniczyli w niepodległościowych sprzysiężeniach, byli emisariuszami. Fryderyk Chopin często dawał koncerty, z których dochód przeznaczano na potrzeby emigrantów.*

KIM BYŁ
Fryderyk Chopin *(1810-1849), pianista, najwybitniejszy polski kompozytor. W swoich utworach często wykorzystywał elementy muzyki narodowej i ludowej (polonezy, mazurki). Od 1831 r. przebywał na emigracji w Paryżu.*

Na obczyźnie znaleźli się wielcy poeci epoki romantyzmu: Adam Mickiewicz, Juliusz Słowacki i Zygmunt Krasiński. Zyskali oni miano wieszczów narodowych. Mickiewicz zaangażował się w ruch wyzwoleńczy, organizował oddziały polskie we Włoszech i w Turcji.

Najliczniejsze grono polskich emigrantów w Paryżu skupiło się wokół księcia Adama Czartoryskiego. Grupę tę zwano Hotelem Lambert – od nazwy paryskiej siedziby księcia.

A TO CIEKAWE

Według popowstaniowej legendy, uwiecznionej w wierszu Adama Mickiewicza, jeden z obrońców Warszawy, kapitan Juliusz Ordon, poniósł śmierć, wysadzając redutę na Woli. Tymczasem Ordon nie zginął. Wyemigrował i żył do 1886 r.

▲ *Ludność państw zachodnich, wbrew oficjalnemu stanowisku swoich rządów, życzliwie przyjmowała polskich emigrantów.*

KIM BYŁ
Józef Bem *(1794-1850), generał artylerii, żołnierz tułacz. Był bohaterem powstania listopadowego. Zmuszony do emigrowania walczył o wolność Węgier i służył w armii tureckiej.*

Emigranci za pośrednictwem literatury i prasy starali się przekonać opinię Europy zachodniej o potrzebie odbudowy niepodległej Polski.

riuszy*** mających przygotować powszechne powstanie. Ich nawoływania nie spotkały się z poparciem rodaków.

Wielu wygnańców – żołnierzy, aby mieć z czego żyć, wstępowało do obcych armii, wielu też walczyło o wolność i prawa innych narodów.

* konfiskata – przepadek na rzecz państwa majątku osoby skazanej
** intelektualiści – ludzie o dużej wiedzy i wybitnych zdolnościach umysłowych
*** emisariusz – tajny wysłannik polityczny

W OKRESIE WIOSNY LUDÓW

▲ *Ostatnie bitwy powstania wielkopolskiego (1848), pod Miłosławiem i Sokołowem, wygrali Polacy.*

▼ *Wiosną 1846 r. chłopi galicyjscy napadali na dwory. Zabijali szlachtę i urzędników dworskich. Zachęcając do większych zbrodni, Austriacy wypłacali nagrody pieniężne za każdego zabitego szlachcica. W rabacji zginęło ponad tysiąc osób.*

W latach 40. XIX wieku nasilił się ruch narodowowyzwoleńczy*. Mimo klęski powstania listopadowego Polacy nadal chcieli walczyć o niepodległość. W zaborze rosyjskim usiłował wzniecić powstanie ksiądz Piotr Ściegienny (1844), lecz on i skupieni wokół niego spiskowcy zostali aresztowani. Kiedy dwa lata później w Krakowie doszło do kolejnego zrywu, Austriacy podburzyli chłopów przeciw szlachcie. Doprowadziło to do krwawej rabacji**.

W 1848 roku rozpoczęła się w Europie Wiosna Ludów. W Wiedniu oraz Berlinie wybuchły rewolucje. Polacy z Poznańskiego liczyli, że przy pomocy niemieckich rewolucjonistów uda im się od-

STRZECHA – dach składający się z kilku warstw słomy (by nie przepuszczała wody)

SUKMANA – prosta, szyta z grubego sukna kapota chłopska

UCZESTNIK RABACJI CHŁOPSKIEJ – napadał na dwór szlachecki, licząc na nagrodę z rąk Austriaków

KIM BYŁ
Ludwik Mierosławski *(1814-1878), rewolucjonista, działacz polityczny. W czasie Wiosny Ludów był naczelnym wodzem oddziałów powstańczych w Wielkopolsce, później dowodził powstańcami na Sycylii i w Badenii.*

W 1815 r., decyzją kongresu wiedeńskiego, z Krakowa i ziem przyległych utworzono Rzeczpospolitą Krakowską. Nadzór nad nią sprawowali zaborcy. W 1846 r. Austria zajęła miasto.

Rewolucjoniści niemieccy uwolnili polskich patriotów z berlińskiego więzienia (1848). Tłumy wiwatowały na cześć Polaków, życząc im powodzenia w walce o niepodległość.

zyskać niepodległość. Chwycili za broń. Mimo kilku wygranych bitew zostali zmuszeni do kapitulacji przez przeważające siły pruskie. Zbuntowały się także Kraków i Lwów w Galicji. Oba miasta zostały zbombardowane.
Austriacy odciągnęli od udziału w walkach chłopów, przeprowadzając uwłaszczenie.

ruch narodowowyzwoleńczy – działania mające na celu odzyskanie niepodległości
rabacja – napad zbrojny, rzeź

KIM BYŁ
Jakub Szela *(1787-1866), przywódca rabacji galicyjskiej – w 1846 r. stał na czele chłopów mordujących szlachtę. Po upadku powstania Austriacy nagrodzili go dużym gospodarstwem na Bukowinie.*

Zasięg powstania wielkopolskiego (1848), ważniejsze bitwy i potyczki.

POWSTANIE STYCZNIOWE

REWOLWER – miał bębenek
na sześć naboi

DUBELTÓWKA – broń myśliwska;
używano jej w walce z braku
innej broni

▶ *Z powodu ogromnej
przewagi Rosjan powstańcy
stosowali partyzanckie
metody walki. Wygrali kilka
starć. Największym była
niezwykle krwawa bitwa
pod Grochowiskami, w której
Langiewicz pokonał ścigających
go Rosjan.*

UMUNDUROWANIE
powstańców
nie było jednolite

KIM BYŁ
Marian Langiewicz *(1827-1887),
generał, na początku powstania jako
jeden z nielicznych dowódców odniósł
kilka zwycięstw. Sprzyjał „białym",
ogłosił się dyktatorem.*

Od kilku lat w zaborze rosyjskim planowano powstanie. Wieść, że car ogłosił przymusowy pobór Polaków do armii (tzw. brankę), przyśpieszyła jego wybuch. Rozpoczęli je w styczniu 1863 roku „czerwoni" – stronnictwo rewolucyjne. Wysłali w bój pięć tysięcy osób uzbrojonych w 600 dubeltówek. Powstańczy Rząd Tymczasowy miał poparcie społeczeństwa, które chętnie płaciło mu podatki. Wiosną do powstania przystąpili „biali" – stronnictwo uważające dotąd, że niezależność można zdobyć drogą pokojową. Rząd Tymczasowy ogłosił uwłaszczenie chłopów, którzy jednak nie przyłączyli się ma-

Rosjanie, aby kontrolować Warszawę, zbudowali w mieście silną twierdzę – cytadelę. Służyła ona także jako więzienie, w którym osadzono i stracono wielu patriotów.

Uczestników powstania po jego upadku czekała śmierć lub zsyłka. Na Syberię zesłano 40 tys. osób. Wielu zesłańców nie przetrwało nawet podróży, a tylko nieliczni wrócili po latach do kraju.

KIM BYŁ

Romuald Traugutt (1826-1864), ostatni dyktator powstania, zdolny organizator. Zwolennik bezkompromisowej walki z zaborcą. Pojmany i stracony przez Rosjan na stokach Cytadeli warszawskiej.

Upadek powstania, masowe prześladowania i śmierć tysięcy rodaków wywołały narodową żałobę. Jej wyrazem była powszechnie noszona biżuteria z elementami patriotycznymi oraz czarne stroje.

CO TO ZNACZY
Uwłaszczenie – likwidacja pańszczyzny; chłopi otrzymywali na własność użytkowaną dotąd ziemię, nie płacąc za nią.

▲ Wystąpienia patriotyczne rozpoczęły się w 1861 r., gdy Rosjanie krwawo stłumili manifestacje* Polaków w Warszawie.

sowo do walczących. Za to z pomocą przybyli rewolucjoniści z całej Europy, nawet z Rosji.

Car surowymi represjami zniechęcał ludność do popierania walczących. Dziesiątkowani w setkach morderczych potyczek powstańcy słabli coraz bardziej. Po roku Rosjanie zlikwidowali Rząd Tymczasowy, a jesienią rozbili ostatni oddział.

*manifestacja – zgromadzenie mające na celu poparcie jakiejś sprawy lub zaprotestowanie przeciwko czemuś

PRACA ZAMIAST WALKI

A TO CIEKAWE

*Michał Drzymała, nie
mogąc zgodnie z pruskim
prawem zbudować nowego
domu, zamieszkał w wozie
cygańskim. Kiedy odebrano
mu także wóz, przeniósł się
do ziemianki.*

▶ *Przemysł rozwijał się najszybciej
na terenie zaboru rosyjskiego, bowiem
Rosja kupowała wiele polskich towarów. Wokół Łodzi powstał największy
we wschodniej Europie ośrodek
włókienniczy.*

SILNIK PAROWY – w fabryce
napędzał maszyny tkackie

BELA – zwinięty materiał

KIM BYŁ

Agenor Gołuchowski *(1812-1875), namiestnik
Galicji, dla której uzyskał dużą samodzielność.
Obsadzał urzędy Polakami. Przyczynił się
do ufundowania Akademii Umiejętności w Krakowie
i Szkoły Politechnicznej we Lwowie.*

O d połowy XIX wieku Polacy rozwijali swoją gospodarkę
i kulturę z myślą o przetrwaniu narodu. Poza zaborem
austriackim (czyli Galicją), mającym sporą autonomię,
w pozostałych dwóch zaborach władze niszczyły polskość.
Usuwano język polski ze szkół, likwidowano organizacje
społeczne, zwalczano kulturę. Prusacy zmuszali Polaków do emigracji, utrudniając im działalność zarobkową. Wprowadzili język
niemiecki na lekcjach religii, co doprowadziło do strajku* uczniów
we Wrześni i w innych miejscowościach.
Polacy, opierając się zaborcom, zakładali własne organizacje
gospodarcze oraz towarzystwa wspierające artystów. Wdrażali

▲ *Polacy zaczęli uprawiać sport.
Towarzystwa sportowe (np. „Sokół"),
prócz zdrowia, krzewiły także
patriotyzm.*

KROSNA – tkano na nich
materiały z lnu i bawełny

ROBOTNICE pracowały nawet
do 11 godzin dziennie

MAŁY ROBOTNIK – dzieci pracowały
od 10. roku życia

nowe metody pracy na roli i rozwijali przemysł. Dzięki temu rosła zamożność polskich ziem. Chłopi, dla których zaczynało brakować pracy, przenosili się do miast, gdzie znajdowali zatrudnienie w fabrykach. Wraz z rozwojem przemysłu powstała nowa grupa społeczna – robotnicy.

CO TO ZNACZY
Autonomia galicyjska – Polacy mogli decydować o większości spraw wewnętrznych i wybierać własne władze, które jednak musiały być zaakceptowane przez Austrię.

W II poł. XIX w. w poszukiwaniu pracy i chleba opuściło ojczyznę około trzech milionów Polaków. Większość emigrantów trafiła do Stanów Zjednoczonych Ameryki.

Jednym z największych polskich pisarzy jest Henryk Sienkiewicz. Tworzył na przełomie XIX i XX w. Dziękując za napisaną „ku pokrzepieniu serc" Trylogię, czytelnicy podarowali autorowi dworek w Oblęgorku.

Ważne wydarzenia z przeszłości narodu przypominali pisarze, kompozytorzy i malarze. Najbardziej znanym polskim malarzem scen historycznych jest tworzący wówczas Jan Matejko.

*strajk – odmowa wykonywania
pracy, obowiązków lub nauki

KU NIEPODLEGŁOŚCI

▲ *Polskie wojska powstawały w różnych państwach. Największa (100 tysięcy żołnierzy) była Błękitna Armia generała Józefa Hallera, utworzona we Francji.*

W 1914 roku rozpoczęła się I wojna światowa pomiędzy państwami centralnymi, którym przewodziły Niemcy i Austro-Węgry, a tzw. ententą, czyli Rosją, Francją i Anglią. Front* przebiegał przez ziemie polskie. Były one niszczone przez armię niemiecką, która opanowała część zaboru rosyjskiego. Polacy, wcielani do wrogich wojsk, musieli walczyć przeciwko sobie. Każdy z zaborców starał się przeciągnąć ich na swoją stronę, obiecując zjednoczenie Polski, jednak nie w pełni niepodległej.

W 1918 roku, pod wpływem rewolucji robotniczej w Rosji, doszło do buntów w armiach państw centralnych. Żołnierze nie chcieli już walczyć, rozpadła się monarchia Habsburgów.

ORZEŁEK – za zgodą Austrii Polacy nosili na mundurach i czapkach godło narodowe

KARABIN MASZYNOWY – bardzo ciężki, szybkostrzelny

A TO CIEKAWE
W latach 1905-1906 Józef Piłsudski, jako dowódca grupy rewolucyjnej, brał udział w udanych zamachach na Rosjan. Najsłynniejszymi były: napad na pociąg bankowy i odbicie więźniów z Pawiaka.

CO TO ZNACZY
Legiony Polskie Piłsudskiego – narodowe samodzielne oddziały, walczące przeciwko Rosji.

Polacy przejęli zarząd nad częścią Galicji i zaborem rosyjskim, zaś w grudniu w Wielkopolsce wzniecili powstanie. Wcześniej, 11 listopada 1918 roku, władzę przekazano Józefowi Piłsudskiemu. Tego dnia zakończyła się wojna, a Polska odzyskała niepodległość.

▼ *6 sierpnia 1914 r. z podkrakowskich Oleandrów wyruszyła na front 1. Kompania Kadrowa zorganizowana przez Józefa Piłsudskiego. Jej celem było wzniecenie powstania na ziemiach zaboru rosyjskiego. 1. Kompania była zaczątkiem Legionów Polskich.*

KIM BYŁ
Józef Piłsudski *(1867-1935), twórca Legionów, Naczelnik i Marszałek Polski. Zwolennik walki o niepodległość. Odbudował niezależne państwo, którym przez długie lata kierował.*

Rząd robotniczy Rosji, z Włodzimierzem Iljiczem Leninem na czele, unieważnił traktaty rozbiorowe zawarte przez Rosję carską.

W lutym 1918 r. państwa centralne zawarły pokój z Radą Ukrainy, przyznając jej polską ziemię chełmską. Niemcy zniechęciły tym do siebie ostatnich zwolenników w Polsce.

W I wojnie światowej poległo około pół miliona Polaków. Zniszczony został co piąty dom na naszych ziemiach. Kilkakrotnie zmniejszyła się produkcja przemysłowa i rolna.

PLECAK – zawierał całe wyposażenie żołnierza potrzebne na wojnie

BAGNET – poza bitwą noszony u pasa

*front – obszar, na którym walczą wrogie armie

KIM BYŁ
Roman Dmowski *(1864-1939), polityk, założyciel Komitetu Narodowego Polskiego, uznawanego przez Zachód pod koniec I wojny światowej za reprezentację Polaków. Domagał się odbudowy kraju w granicach przedrozbiorowych.*

KŁOPOTY Z USTALENIEM GRANIC

▲ *Zaślubiny z morzem (1920) oznaczały powrót Polski nad Bałtyk. Polski skrawek wybrzeża liczył zaledwie 140 km.*

KIM BYŁ
Wojciech Korfanty *(1873-1939), działacz niepodległościowy. Organizator powstań: wielkopolskiego i trzeciego śląskiego. Jako komisarz dbał o polskie interesy podczas plebiscytu na Śląsku.*

CO TO ZNACZY
Plebiscyt *– głosowanie całej dorosłej ludności danego obszaru mające rozstrzygnąć, do jakiego państwa chce należeć.*

GRANAT – odbezpieczony, wybuchał po kilku sekundach

SNAJPER – strzelec wyborowy; obserwował teren przez lunetę

KIM BYŁ
Ignacy Jan Paderewski *(1860-1941), polityk, a także sławny pianista i kompozytor. W czasie obu wojen światowych organizował pomoc dla ojczyzny, był pierwszym premierem niepodległej Polski.*

Zakończenie I wojny światowej nie oznaczało dla Polaków kresu walk. Obszar zaboru pruskiego nadal należał do Niemiec. W grudniu 1918 roku w Wielkopolsce wybuchło powstanie. Po ciężkich bojach Polacy opanowali większość miast i wkrótce granice Polski powiększono o Wielkopolskę.

Spornym terenem był również Górny Śląsk. Ślązacy trzykrotnie chwytali za broń (1919, 1920, 1921), aby siłą usunąć niemieckie władze, ale tylko trzecie powstanie przyniosło nieznaczne zwycięstwo. Z kolei Śląsk Cieszyński podzielono między Polskę i Czechosłowację.

Toczyła się także walka polityczna. Na konferencji pokojowej* w Wersalu nasz delegat, Ignacy Jan Paderewski, nakłonił mocarstwa zachodnie do przyznania Polsce części Pomorza z dostępem do morza. Natomiast o przyszłości Mazur, Warmii i Śląska – ziem zamieszkałych w większości przez Polaków – miał zadecydować plebiscyt. Jego wynik okazał się korzystny dla Niemiec.

W traktacie wersalskim (1919) mocarstwa zachodnie ustaliły, że Gdańsk będzie Wolnym Miastem. Opiekę nad nim miały sprawować wspólnie Polska i Niemcy.

W plebiscytach wzięło udział dodatkowo 280 tys. Niemców, którzy dawniej wyemigrowali ze Śląska i Mazur. Niemiecki rząd dowoził ich na głosowanie specjalnymi pociągami.

◀ Najcięższe walki śląscy powstańcy toczyli o Górę Świętej Anny (1921). Wprawdzie zostali wyparci, ale zadali Niemcom wielkie straty i powstrzymali ich ofensywę**.

Mowa, którą Ignacy Jan Paderewski wygłosił z balkonu hotelu „Bazar", stała się sygnałem do wybuchu zwycięskiego powstania wielkopolskiego.

BUNKIER – schron z betonu

A TO CIEKAWE
Wielkopolanie dysponowali nie tylko silną artylerią, ale i lotnictwem. Na początku powstania opanowali lotnisko Ławica pod Poznaniem, zdobywając 200 niemieckich samolotów.

* konferencja pokojowa – spotkanie przedstawicieli państw dyskutujących o warunkach pokoju i kształcie granic
** ofensywa – atak większych oddziałów wojskowych, zamierzających zająć określony teren

BOLSZEWICKA NAWAŁNICA

Działo się to w latach **1919-1921**

P o zakończeniu I wojny światowej każdy z narodów zamieszkujących na wschód od Wisły chciał utworzyć własne państwo. Polacy walczyli z Ukraińcami, Białorusinami i Litwinami. W 1920 roku rozpoczęła się wojna z Rosją radziecką. Państwo to zamierzało siłą wprowadzić rządy robotników w całej Europie.

W maju 1920 roku Józef Piłsudski zajął Kijów, ale Armia Czerwona wdarła się w głąb ziem polskich, rozdzielając nasze wojska. Sprzymierzeńcami Rosjan okazali się robotnicy Zachodu.

▲ *Podczas wojny polsko-bolszewickiej Armia Czerwona miała znaczną przewagę liczebną. Polacy przeciwstawili temu sprawnie dowodzoną artylerię.*

ROGATYWKA – kwadratowa, typowo polska czapka wojskowa

A TO CIEKAWE

Bitwa pod Warszawą jest jedną z najważniejszych w dziejach świata. Uchroniła Europę przed najazdem bolszewików*, a tym samym przed rewolucją.

Uniemożliwili oni przesyłanie do Polski broni. W sierpniu nieprzyjaciel dotarł na przedpola Warszawy. Sytuacja była dramatyczna. Wielka bitwa nad Wisłą przyniosła jednak polskim wojskom zwycięstwo. Armia Czerwona została odparta, a później rozbita nad Niemnem. W 1921 roku w Rydze obydwa wyniszczone wojną państwa zawarły pokój.

Bolszewicy, zająwszy Białystok, powołali Tymczasowy Komitet Rewolucyjny Polski. Przywództwo objęli w nim działacze komunistyczni: Feliks Dzierżyński i Julian Marchlewski.

Na terenie dawnego zaboru austriackiego przeciwnikami Polaków byli Ukraińcy. Dążyli oni do utworzenia własnego państwa. W zażartych walkach o Lwów (1919/1920) dzielnie walczyła polska młodzież – Orlęta Lwowskie.

KIM BYŁ
Józef Haller (1873-1960), generał, dowódca Błękitnej Armii (wojska polskiego we Francji). Dokonał aktu zaślubin Polski z morzem. Zwolennik Polski narodowej.

BALON – obserwowano z niego ruchy wojsk

TACZANKA – karabin maszynowy na kołach

◀ Pod Warszawą (13-16 sierpnia 1920) wojskiem polskim dowodził osobiście Józef Piłsudski. Gdy wróg skupił większość sił na przedpolach stolicy, Marszałek wycofał z frontu część oddziałów i zaatakował Rosjan od tyłu. Zwycięstwo było całkowite – rozbito trzy z pięciu rosyjskich armii.

tereny plebiscytowe
tereny walk narodowowyzwoleńczych

Na przebieg zachodnich granic największy wpływ miały zwycięskie państwa, które narzuciły Niemcom warunki pokoju. Traktat ryski, zawarty z Rosją radziecką, ustalał wschodnie granice Polski.

*bolszewicy – zwolennicy Lenina

II RZECZPOSPOLITA

▼ *Wielkim osiągnięciem II Rzeczypospolitej była budowa portu w Gdyni – najnowocześniejszego wówczas nad Bałtykiem. Port tymczasowy otwarto po roku budowy, już w 1923 r. i ciągle go rozbudowywano.*

FALOCHRON – osłaniał port przed falami sztormowymi

LINIA KOLEJOWA – do końca nabrzeża towary (głównie węgiel) dowożono pociągami

KIM BYŁ
Ignacy Mościcki *(1867-1946), prezydent Polski od roku 1926. Żył w cieniu Józefa Piłsudskiego, nie potrafił wykorzystać uprawnień, jakie dała mu konstytucja kwietniowa. Zrezygnował z urzędu w 1939 r.*

CO TO ZNACZY
Sanacja – uzdrowienie i naprawa różnych dziedzin życia, zwłaszcza gospodarki i polityki; sanacją zwano także grupę rządzącą.

KIM BYŁ
Wincenty Witos *(1875-1945), polityk chłopski, trzykrotnie pełnił funkcję premiera. Kierował partią chłopską. Starał się współpracować z różnymi ugrupowaniami.*

Władze Polski musiały odbudować zniszczony wojną kraj. Trzeba było też znieść różnice dzielące ziemie byłych zaborów. W marcu 1921 roku uchwalono demokratyczną konstytucję. Wkrótce przeprowadzono reformę rolną nadającą ziemię ubogim chłopom. Rozwój państwa utrudniał powszechny analfabetyzm*. Wybuchały zamieszki wywoływane przez cierpiących biedę robotników i chłopów oraz przez mniejszości narodowe (głównie Ukraińców). Skłócone partie nie mogły dojść w sejmie do porozumienia. Często następowały zmiany rządów.

W 1926 roku Józef Piłsudski przejął władzę (przewrót majowy). Rozpoczął się okres sanacji. W kraju zapanował większy porządek. Nowe władze doprowadziły do rozwoju gospodarczego, ale i do prześladowań opozycji. Przeciwnicy Marszałka byli więzieni bez sądu, zmuszano ich do emigracji. W kwietniu 1935 roku uchwalono nową konstytucję, dającą duże uprawnienia prezydentowi.

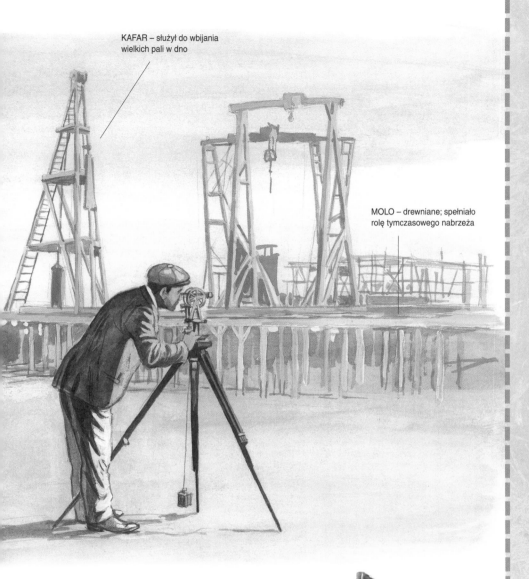

KAFAR – służył do wbijania
wielkich pali w dno

MOLO – drewniane; spełniało
rolę tymczasowego nabrzeża

Na potrzeby sejmu zbudowano nowy
gmach przy ulicy Wiejskiej w Warszawie.
Służy on polskim posłom do dziś.

W 1936 r. rząd Polski rozpoczął budowę
Centralnego Okręgu Przemysłowego.
Miał on obejmować ważne dla obronności
kraju zakłady – huty, fabryki broni.

Józef Piłsudski, organizując przewrót
majowy (1926), sądził, że rząd dobro-
wolnie odda władzę. Doszło jednak
do walk na ulicach Warszawy, w których zginęło 300 osób.

A TO CIEKAWE

W latach 20. pieniądze
szybko traciły na warto-
ści, np. zapałki koszto-
wały miliony. Sytuację
uzdrowił (1924) premier
Władysław Grabski.
Zastąpił polską markę
złotym polskim.

▶ Pierwszy prezydent Rzeczypospolitej, Gabriel Narutowicz,
po kilku dniach od wyboru
(1922) został zastrzelony przez
nacjonalistę**.

*analfabetyzm – brak umiejętności pisania
i czytania u osób powyżej określonego wieku
**nacjonalista – człowiek uważający, że najważ-
niejsze są interesy własnego narodu i należy
o nie walczyć wszelkimi środkami, nie licząc się
z innymi narodowościami, zamieszkującymi
wspólne państwo

NIEUNIKNIONA WOJNA

LOŻA HONOROWA
– zasiadał w niej prezydent
i ważni goście zaproszeni
na posiedzenia sejmu

MIKROFON – przemówienie
transmitowano na żywo
w radiu

MÓWNICA
– specjalne podwyższenie
dla przemawiających posłów

CO TO ZNACZY
Korytarz gdański – *wąski pas
ziemi mający połączyć Niemcy
z Prusami Wschodnimi, nie podlegający polskiemu zarządowi.*

▲ *„My w Polsce nie znamy pojęcia pokoju za wszelką cenę" –
powiedział 5 maja 1939 r. w sejmie minister Józef Beck, odrzucając
niemieckie żądania. Tym samym dał do zrozumienia, że w razie
potrzeby Polska będzie walczyć.*

W 1938 roku Polska wykorzystała najazd Niemiec na Czechosłowację i zajęła Zaolzie, czeską część Śląska Cieszyńskiego. Kanclerz Niemiec, Adolf Hitler, zaproponował nam sojusz wojskowy. W zamian zażądał Gdańska oraz specjalnego korytarza (drogi) z Niemiec do Prus Wschodnich. Odrzucenie tych postulatów oznaczało wojnę.

Niemcy, od czasu kiedy władzę objęli faszyści*, rozbudowywały swoje siły zbrojne. W samotnej walce Polska nie mogła im sprostać. Jedynym sojusznikiem naszego kraju była od lat Francja. Jednak Francuzi głośno zapowiadali: „Nie będziemy umierać za Gdańsk". Z propozycją układu obronnego wystąpiła Rosja radziecka, ale nie został on zaakceptowany przez rząd.

W sierpniu 1939 roku Polska zawarła przymierze z Anglią. Rząd, sądząc, że powstrzyma to Hitlera, opóźnił powszechną mobilizację. Przed 1 września nie zdołano więc ściągnąć do wojska wszystkich mężczyzn zdolnych do walki.

A TO CIEKAWE
Aby pokazać, że to Polska zaczęła wojnę, przebrani w polskie mundury Niemcy napadli na własną radiostację wojskową w Gliwicach.

Przy braku sprzeciwu polskiego rządu i komisarzy międzynarodowych nadzorujących Wolne Miasto, władzę w Gdańsku przejęli wierni Hitlerowi faszyści.

KIM BYŁ
Józef Beck (1894-1944), pułkownik, od 1932 r. minister spraw zagranicznych, bliski współpracownik Piłsudskiego.

W obliczu zagrożenia Polacy organizowali zbiórki pieniężne na zakup broni dla wojska.

Polscy wojskowi skonstruowali nowoczesny samolot bombowy Łoś oraz doskonałą rusznicę przeciwpancerną. Niestety, nie zdążono rozpocząć masowej produkcji samolotów i broni.

▼ Przewaga sił była po stronie Niemiec. Prócz wielkiej armii mieli oni 2600 czołgów i około 2000 samolotów bojowych; Polacy – odpowiednio 600 i 400.

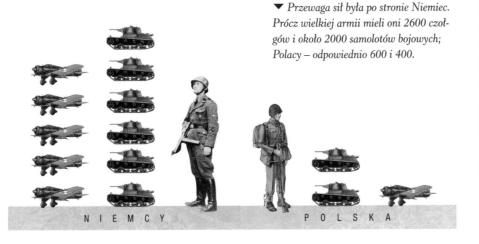

N I E M C Y   P O L S K A

*faszyzm – nacjonalistyczny ruch polityczny

KAMPANIA WRZEŚNIOWA

A TO CIEKAWE
Flotę Hitlera chciano zwalczać tzw. żywymi torpedami. Miały one być naprowadzane na niemieckie okręty przez ochotników samobójców. Pomysłu nie zrealizowano, choć zgłosiło się kilkadziesiąt osób.

CO TO ZNACZY
V kolumna – mieszkający w Polsce Niemcy, którzy pomagali Hitlerowi. Szpiegowali, dokonywali zamachów na tyłach frontu.

Dnia 1 września o godzinie 4.45 niemieckie armie uderzyły na Polskę. Rozpoczęła się II wojna światowa. Do bohaterskiej obrony przystąpił cały naród. Polacy walczyli z poświęceniem, licząc na szybką pomoc Anglii i Francji. Jednak sojusznicy nie przybywali, a przewaga liczebna i techniczna była po stronie najeźdźcy, wspieranego dodatkowo przez niemiecką V kolumnę. Lotnictwo wroga bezwzględnie bombardowało lotniska, porty i miasta, uniemożliwiając wszelką obronę. Sytuację pogarszały tysiące uchodźców, blokujących drogi i utrudniających przemarsz naszych wojsk.

ROWER – polskie oddziały cyklistów przewoziły broń maszynową

▶ *9 września armie „Poznań" i „Pomorze" zaatakowały Niemców idących na Warszawę. Był to początek wielkiej bitwy nad Bzurą. Udało się rozdzielić i częściowo odeprzeć wojska wroga, lecz po 12 dniach walk Polacy ulegli przeważającym siłom nieprzyjaciela.*

Polskie armie znajdowały się w ciągłym odwrocie, spychane w stronę stolicy. 17 września najwyższe władze państwowe opuściły kraj. Udały się do Rumunii. Tego samego dnia Związek Radziecki zaatakował nasze ziemie wschodnie. Oficjalnie – by chronić mieszkających tam Ukraińców i Białorusinów. W rzeczywistości uzgodnił już z Niemcami podział Polski. Kraj bronił się jeszcze przez dwa tygodnie.

Wojnę rozpoczęła salwa z niemieckiego pancernika "Schleswig-Holstein". W czasie polskiej kampanii Niemcy zużyli tak dużo amunicji, że zostało im zapasów ledwie na dwa tygodnie. Stracili 1300 czołgów, 6000 samochodów, 5500 motocykli i 697 samolotów. Powyżej ruiny zabudowań wojskowych na Westerplatte.

KIM BYŁ
Franciszek Kleeberg (1888-1941), dowódca grupy operacyjnej "Polesie". Pobił pod Kockiem Niemców w ostatniej bitwie kampanii* wrześniowej (2-5 października).

▲ Plakat zagrzewający warszawiaków do walki. Ukazywał rzeczywistą różnicę sił.

Kompania wartownicza na Westerplatte (182 osoby) w razie wojny miała wytrwać 24 godziny. Broniła się siedem dni, mimo że na jednego polskiego żołnierza przypadało 20 niemieckich. Powyżej dowódca Westerplatte – major Henryk Sucharski składa honorową kapitulację.

SAPERKA
– do szybkiego okopania się

Polskie okręty podwodne zostały internowane w Szwecji. Jedynie "Orzeł", choć pozbawiony torped oraz map, na resztkach paliwa przedarł się do Anglii. Zasłynął zatopieniem na Morzu Północnym niemieckiego transportowca "Rio de Janeiro" w kwietniu 1940 r.

*kampania – część działań wojennych stanowiąca osobny rozdział

111

LATA CIERPIEŃ I KRWI

A TO CIEKAWE
Urzędnicy faszystowskich Niemiec skrupulatnie obliczyli, ilu Polaków trzeba rocznie zamordować, aby w ciągu 20 lat oczyścić polskie ziemie z rdzennej ludności.

W czasie okupacji faszyści zagrabili majątek państwa polskiego i większość dóbr prywatnych. Zlikwidowali polskie szkolnictwo. Celowo wyniszczano nasz naród. W egzekucjach zginęły tysiące ludzi. Mieszkańców Polski masowo wysiedlano z rodzinnych stron lub zamykano w obozach koncentracyjnych. Do niemieckich fabryk wywieziono dwa miliony robotników, zmuszając ich do niewolniczej pracy. Wielu rodzinom odebrano dzieci, aby wychować je na „porządnych" faszystów.
Terror* okupanta spotkał się ze zdecydowanym oporem Polaków. Utworzono tajne Polskie Państwo Podziemne, z własnymi

KREMATORIUM – tu palono ciała

WIĘŹNIOWIE
– ubrani byli w pasiaki

▲ W 1943 r. Żydzi z warszawskiego getta** wzniecili powstanie – chwycili za broń, przeciwstawiając się ludobójstwu. Prawie wszyscy zginęli.

KIM BYŁ
Janusz Korczak (1878-1942), lekarz, pedagog. Prowadził w getcie sierociniec. Zdecydował się na śmierć wraz ze swoimi podopiecznymi, mimo iż mógł jej uniknąć. Autor książek dla dzieci, m.in. Króla Maciusia I.

Część zajętych terenów Hitler wcielił do Niemiec. Z pozostałych utworzył Generalną Gubernię.

władzami, sądami i silną Armią Krajową. AK oraz kilka organizacji partyzanckich podjęło walkę zbrojną. Niesiono pomoc prześladowanym, także Zydom. Dla młodzieży organizowano tajne nauczanie. O prawdziwej sytuacji na froncie informowano za pomocą nielegalnych ulotek.

Ponieważ Polacy nie mogli kupować benzyny, przesiedli się z samochodów na rowery. Taksówki zastąpione zostały przez riksze – dwuosobowe wózki połączone z rowerem.

KOMORA GAZOWA – uśmiercano
w niej ludzi trującym gazem

KAPO – przełożony
grupy więźniów

CO TO ZNACZY
Ludobójstwo – masowe zabijanie bezbronnych ludzi wszelkimi sposobami, celem całkowitego zlikwidowania jakiegoś narodu, rasy lub wyznawców jakiejś religii.

◀ *Obozy koncentracyjne były najstraszniejszym przejawem niemieckiego ludobójstwa, prawdziwymi „fabrykami śmierci". Więźniów zmuszano w nich do wyniszczającej organizm pracy, głodzono i zarażano śmiertelnymi chorobami.*

NUMER OBOZOWY – nieusuwalny
tatuaż identyfikacyjny

Niemcy dążyli do zgładzenia wszystkich Żydów. Zamykali ich w strzeżonych gettach, aby tam umierali z głodu i chorób. Mordowali w obozach. Zagłada Żydów przez hitlerowców w czasie II wojny światowej nosi nazwę holocaustu.

*terror – zmuszanie do posłuchu siłą i okrucieństwem
**getto – osobna, odgrodzona od miasta dzielnica

NA WSZYSTKICH FRONTACH II WOJNY ŚWIATOWEJ

SAMOLOT-POCISK V1 – tajna broń armii niemieckiej

▶ *Polscy lotnicy okryli się sławą w bitwie powietrznej o Anglię (1940). Zestrzelili na pewno 203 samoloty niemieckie, 35 prawdopodobnie, a 36 uszkodzili. W walkach nad Anglią zginęło 29 polskich lotników.*

Polscy żołnierze pragnący uczestniczyć w działaniach wojennych przekradali się na Zachód, gdzie rząd londyński formował nowe wojsko. Polacy bronili Francji i Norwegii, walczyli w Afryce Północnej, a później (1944) wyzwalali zachodnią Europę. Największe triumfy święciła marynarka wojenna i lotnictwo. Polskie okręty, ze sławnym ORP** „Burza", patrolowały Atlantyk i Morze Śródziemne, niszcząc wiele statków wroga.

Mieszkańców ziem polskich zajętych w 1939 roku przez Związek Radziecki prześladowano i zsyłano w głąb Rosji. Tysiące osób wymordowano (m.in. oficerów w Katyniu). Kiedy Niemcy napadły na Związek Radziecki, Rosjanie pozwolili Polakom zorganizować samodzielną Armię Polską. W 1942 roku, po ujawnieniu zbrodni katyńskiej, generał Władysław Anders wyprowadził wojsko do Iranu. W następnym roku, z inicjatywy polskich komunistów, utworzono nad Oką kolejną armię. Z powodzeniem walczyła ona na froncie wschodnim.

BOMBOWIEC – duży samolot, z którego zrzucano bomby

KIM BYŁ
Władysław Sikorski *(1881-1943), generał, od 1939 r. premier rządu londyńskiego i naczelny wódz sił zbrojnych. Nawiązał współpracę ze Związkiem Radzieckim, co oburzyło wielu polskich polityków. Zginął w katastrofie lotniczej koło Gibraltaru.*

KIM BYŁ
Władysław Anders (1892-1970), generał, znakomity dowódca. Organizator Armii Polskiej w ZSRR, wcześniej więziony przez Rosjan. Wraz z wojskiem wyprowadził do Iranu tysiące cywilów. Dowodził 2. Korpusem Polskim pod Monte Cassino.

1. Dywizja Piechoty im. Tadeusza Kościuszki rozpoczęła szlak bojowy pod Lenino u boku Armii Czerwonej (1943), gdzie została omyłkowo ostrzelana przez Rosjan. Mimo to odparła Niemców.

Największą sławę przyniosła polskim żołnierzom bitwa o wzgórze Monte Cassino, które Niemcy zamienili w silną fortecę. Polacy pod dowództwem generała Andersa zdobyli je 18 maja 1944 r. po krwawym szturmie.

MYŚLIWIEC – szybki i zwrotny samolot uzbrojony w działka i karabiny maszynowe

BALONY ZAPOROWE – powiązane linami, utrudniały przelot samolotom

„Cichociemni" – doskonale wyszkoleni spadochroniarze – wykrwawili się w walkach o Arnhem (1944). W wyniku pomyłki alianckiego dowództwa zrzucono ich wprost na pozycje Niemców.

CO TO ZNACZY
Rząd londyński – rząd Rzeczypospolitej na uchodźstwie; kierował Polskimi Siłami Zbrojnymi na Zachodzie i państwem podziemnym.

◄ Wszystkie polskie okręty walczyły z wielkim poświęceniem. Mały ORP „Piorun" przez godzinę toczył samotnie bój z olbrzymim „Bismarckiem", zanim z odsieczą nadpłynęły angielskie jednostki.

*alianci – kraje sprzymierzone w walce przeciwko faszystowskim Niemcom
**ORP – Okręt Rzeczypospolitej Polskiej

POWSTANIE WARSZAWSKIE

▲ *Jedyną drogą ucieczki z dzielnic zajętych przez Niemców były kanały ściekowe.*

W 1944 roku Armia Krajowa przystąpiła do realizacji planu „Burza". Zamierzano zająć tereny kresowe tuż za linią frontu, aby wojska radzieckie wkroczyły na ziemie wyzwolone, podległe rządowi londyńskiemu. Polacy opanowali jednak tylko kilka miejscowości (z Wilnem), a Rosjanie nie uznali niezależnych od siebie władz i aresztowali wielu członków AK.

1 sierpnia rozpoczęło się powstanie w Warszawie. Tylko co dziesiąty z powstańców miał broń, ale w ciągu czterech dni opa-

PANCERFAUST – niemiecka ręczna broń przeciwpancerna, wykorzystywana także przez powstańców

SZMAJSER – niemiecki pistolet maszynowy

KOKTAJL MOŁOTOWA – łatwo palny płyn w butelce

nowali oni znaczną część miasta. W walkach wyróżniały się bohaterstwem Szare Szeregi. Gdy wyczerpała się amunicja, wróg przeszedł do ataku. Wbrew oczekiwaniom Polaków Rosjanie nie wsparli powstania, mimo że ich wojska zbliżały się do Warszawy. Na pomoc pospieszyli natomiast polscy żołnierze generała Berlinga, walczący u boku Rosjan. Nie udało im się, niestety, przerzucić większych sił na lewy brzeg Wisły. Po 63 dniach ciężkich walk ostatni powstańcy skapitulowali.

KIM BYŁ
Tadeusz Komorowski-Bór (1895--1966), generał, od 1943 r. komendant główny AK. Przekonany, że Rosjanie zbliżają się do przedmieść stolicy, rozkazał rozpocząć powstanie.

A TO CIEKAWE
Władzom Związku Radzieckiego zależało na upadku powstania i wyniszczeniu polskich patriotów. Za próbę niesienia pomocy rodakom generał Zygmunt Berling został pozbawiony dowództwa nad polską armią.

W pierwszych dniach walki powstańcom udało się zdobyć niemiecki transporter opancerzony, działo samobieżne, a nawet lekki czołg.

Po upadku powstania na rozkaz Hitlera Niemcy przystąpili do celowego niszczenia Warszawy. Systematycznie wysadzano i palono domy. W lewobrzeżnych dzielnicach ocalał zaledwie co dziesiąty budynek.

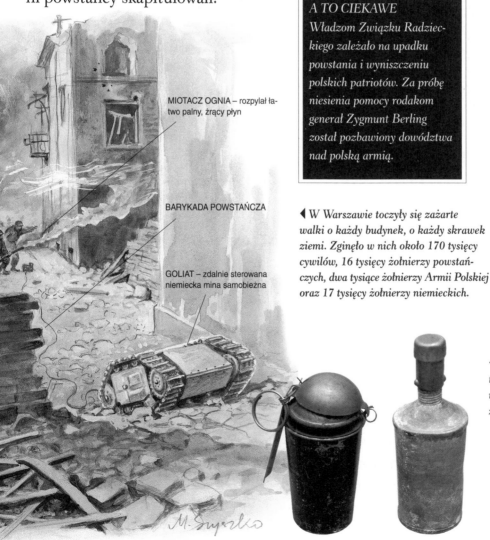

MIOTACZ OGNIA – rozpylał łatwo palny, żrący płyn

BARYKADA POWSTAŃCZA

GOLIAT – zdalnie sterowana niemiecka mina samobieżna

◀ W Warszawie toczyły się zażarte walki o każdy budynek, o każdy skrawek ziemi. Zginęło w nich około 170 tysięcy cywilów, 16 tysięcy żołnierzy powstańczych, dwa tysiące żołnierzy Armii Polskiej oraz 17 tysięcy żołnierzy niemieckich.

CO TO ZNACZY
Szare Szeregi – oddziały harcerzy działające w konspiracji*; zajmowały się nauczaniem, wywiadem wojskowym i dywersją**.

◀ Zapasy amunicji starczyły ledwie na pierwsze trzy dni walki, toteż powstańcy produkowali własne pociski i granaty. Wykorzystywali proch z niemieckich niewypałów.

*konspiracja – działalność prowadzona w tajemnicy przed władzami; w tym wypadku przed okupantem
**dywersja – przeszkadzanie okupantowi w sprawnym zarządzaniu krajem, np. przez niszczenie fabryk, wysadzanie torów

WYZWOLENIE

Działo się to w latach 1944-1945

SZAŁAS – prymitywne schronienie, zbudowane z materiałów, które znaleziono w ruinach

CEGŁA – domy stawiano często z cegieł wyciągniętych z gruzu

SAPER – szukał niewypałów i rozbrajał je

NIEWYPAŁ – pocisk, który nie wybuchł

Wyzwolenie Polski nastąpiło w dwóch etapach. W lipcu 1944 roku wojska polskie i radzieckie zatrzymały się na brzegu Wisły. W styczniu 1945 roku ruszyło decydujące uderzenie. Okupant zaciekle bronił silnie umocnionych rejonów: Prus Wschodnich, Wrocławia i osłaniającego Odrę Wału Pomorskiego. Walki o przełamanie Wału trwały kilka tygodni i były bardzo krwawe. W wielu oddziałach zginęła połowa żołnierzy. Najdłużej – do 6 maja – Niemcy bronili się we Wrocławiu. Wyzwolone tereny obejmowały władze cywilne, które chroniły porzucone majątki oraz zapewniały transport i opiekę milionom osób powracających w rodzinne strony.

Rząd Tymczasowy, powołany przez polskich komunistów popieranych przez Związek Radziecki, zaproponował rządowi

▲ *Wkrótce po wyzwoleniu Warszawy Polacy przystąpili do odbudowy zniszczonego miasta. W gruzach leżało mnóstwo niewypałów, które – poruszone – często wybuchały. Prace prowadzono więc z narażeniem życia.*

A TO CIEKAWE

Przez kilka ostatnich miesięcy 1944 r. stolicą Polski i siedzibą jej komunistycznych władz był Lublin. W lutym następnego roku władze przeniosły się do wyzwolonej Warszawy.

KIM BYŁ

Stanisław Mikołajczyk *(1901-1966), premier rządu londyńskiego, po powrocie do kraju został ministrem rolnictwa i reform rolnych. Jego stronnictwo rywalizowało z komunistami o poparcie wyborców. Po sfałszowanych przez komunistów wyborach (1947) uciekł z kraju, obawiając się o swoje życie.*

londyńskiemu współpracę. Zgodził się na nią jedynie Stanisław Mikołajczyk. Reprezentował on stronnictwo chłopskie.

CO TO ZNACZY
Ziemie Odzyskane *– dawne ziemie piastowskie: Śląsk i Pomorze Zachodnie, na mocy traktatów pokojowych włączone po II wojnie światowej do Polski.*

Nowe granice naszego kraju wytyczono na konferencjach pokojowych w Jałcie i Poczdamie. Głos decydujący miał wódz Związku Radzieckiego – Józef Stalin.

Nasi żołnierze brali udział w szturmie Berlina. W maju nad gruzami stolicy Niemiec załopotała polska flaga.

22 lipca 1944 r. nowe, komunistyczne, władze ogłosiły w Chełmie manifest*. Zapowiadały w nim powrót Polski na dawne ziemie Piastów, reformę rolną i przejęcie fabryk przez państwo.

▼ *Pod niemieckim ostrzałem Polacy stawiali słupy graniczne na Odrze – dawnej granicy państwa Bolesława Chrobrego.*

*manifest – odezwa; zapowiedź politycznych działań

BUDOWA LUDOWEGO PAŃSTWA

▼ *Polska Zjednoczona Partia Robotnicza potrzebowała poświadczenia, że jej działania są popierane przez całe społeczeństwo. Z okazji Święta Pracy organizowała wielkie pochody pierwszomajowe. Uczestniczyły w nich tłumy ludzi.*

TRYBUNA HONOROWA
– dla kierownictwa PZPR
i zaproszonych gości

GODŁO POLSKI
– po wojnie władze ludowe
pozbawiły orła korony

A TO CIEKAWE
W okresie stalinizmu nazwę miasta Katowice zmieniono na Stalinogród. Władze chciały w ten sposób uczcić przywódcę Związku Radzieckiego.

P o wojnie, na mocy ustaleń konferencji pokojowych, świat podzielono na dwie strefy: państwa kapitalistyczne (najpotężniejsze z nich to Stany Zjednoczone) i państwa komunistyczne (zwane też socjalistycznymi), którym przewodził Związek Radziecki. Polska była uzależniona od Związku Radzieckiego i jego przywódcy, Józefa Stalina (zm. 1953). Komunistyczne władze ostatecznie objęły rządy w roku 1947, dzięki sfałszowanym wyborom. Rok później powstała Polska Zjednoczona Partia Robotnicza (PZPR), która stała na czele państwa przez następne dziesięciolecia. Prześladowano żołnierzy AK i osoby podejrzewane o związki z rządem londyńskim. Chciano zorganizo-

KIM BYŁ
Bolesław Bierut *(1892-1956), działacz komunistyczny, prezydent RP (1947-1952). Popierany przez Stalina, przejął władzę nad państwem i PZPR. Odpowiedzialny za okrutne prześladowania wielu Polaków.*

Jeszcze do 1948 r. w wielu rejonach kraju trwały okrutne, krwawe walki. Toczono je np. z Ukraińską Powstańczą Armią (UPA) i zwolennikami dawnego ustroju.

▲ *W okresie rządów Bolesława Bieruta nawet artyści musieli w swych pracach chwalić dokonania władzy ludowej. Ich sztuka nosiła nazwę socrealizmu.*

W czerwcu 1956 r. doszło w Poznaniu do pierwszego protestu robotników. Manifestację zaatakowało wojsko i milicja. Zginęło 75 osób.

JÓZEF STALIN – portrety przywódcy Związku Radzieckiego często pojawiały się na niesionych w pochodzie planszach

KIM BYŁ
Władysław Gomułka *(1905-1982), działacz komunistyczny, w okresie stalinizmu więziony, I sekretarz PZPR w latach 1956-1970.*

Urzędnicy wyliczyli, że przeciętnemu Polakowi wystarczy 7 m² mieszkania. Budowano więc domy z ciasnymi lokalami, niekiedy ze wspólnymi kuchniami i łazienkami.

wać wszystko na wzór radziecki. Ten okres dziejów nazwany został stalinizmem.

Polacy nie byli zadowoleni z komunistycznych rządów. Wbrew obietnicom robotnicy nie mieli wpływu na decyzje władz. Poziom życia był niski, ponieważ pieniądze przeznaczano na zbrojenia i pomoc dla innych krajów socjalistycznych.

W 1956 roku doszło do protestów robotniczych. Pod ich wpływem zmieniono władze PZPR. Na czele partii i państwa stanął Władysław Gomułka. Zwolnił on więźniów politycznych i ograniczył cenzurę*. Początkowy okres jego rządów nazywany jest „odwilżą". Wkrótce jednak zrezygnował z reformowania kraju.

*cenzura – kontrola np. prasy, książek, filmów przez państwo

CO TO ZNACZY
Więźniowie polityczni – *ludzie zamykani w więzieniach nie za przestępstwa, ale za swoje przekonania.*

DEKADA POZORNEGO SUKCESU

◀ *Nadzieję na poprawę losu obudził w sercach Polaków kardynał Karol Wojtyła, który w 1978 r. został wybrany na papieża i przyjął imię Jan Paweł II.*

LECH WAŁĘSA przemawia w Stoczni Gdańskiej

STRAJKUJĄCY ROBOTNICY

W grudniu 1970 roku robotnicy znów zaprotestowali. Władysław Gomułka ustąpił ze stanowiska. Na czele PZPR stanął Edward Gierek. Rozpoczął on tzw. dekadę* sukcesu. Początkowo sytuacja w kraju poprawiła się. Za ogromne sumy pożyczane z Zachodu rozwijano przemysł, powstawały nowe miejsca pracy, w sklepach pojawiło się więcej towarów, wzrosły pensje.

Po kilku latach trzeba było jednak zacząć zwracać pożyczki. Okazało się, że wiele nietrafnych lub zbyt drogich inwestycji przyniosło straty. Brakowało pieniędzy i towarów. Władze PZPR, aby odwrócić uwagę od problemów gospodarczych, umożliwiały szerszy dostęp do rozrywki, sportu i kultury. Telewizja, radio i prasa twierdziły, że Polska osiąga same sukcesy. Nikt w to nie wierzył. W 1980 roku wybuchł strajk generalny.

KIM BYŁ
***Edward Gierek** (ur. 1913), stał na czele PZPR i państwa w latach 70. Otworzył kraj na Zachód, ale jednocześnie podjął decyzje o zaciąganiu zagranicznych kredytów. Doprowadziło to do kryzysu gospodarczego.*

Podwyżka cen żywności wywołała w grudniu 1970 r. wielkie protesty. Na Wybrzeżu doszło do zamieszek, krwawo stłumionych przez wojsko. Zginęło prawdopodobnie 57 osób.

A TO CIEKAWE
Choć Jan Paweł II zaraz po wyborze na papieża wyraził chęć odwiedzenia ojczyzny, komunistyczne władze wystosowały zaproszenie dopiero w następnym roku.

◀ *Strajkujący w sierpniu 1980 r. robotnicy utworzyli „Solidarność". Zmusili władze do podpisania 21 postulatów. Domagali się m.in.: reformy gospodarczej, zniesienia cenzury, utworzenia wolnych związków zawodowych i uwolnienia więźniów politycznych.*

Nowe fabryki musiały produkować jak najwięcej towarów, bez względu na ich jakość, koszty czy wymogi ochrony środowiska.

CO TO ZNACZY
Strajk generalny – *ogłoszony na czas nieokreślony, obejmujący cały kraj.*

*dekada – dziesięć lat

SŁUCHACZE zgromadzeni przed bramą stoczni

KIM BYŁ
Stefan Wyszyński (1901-1981), *kardynał, Prymas Tysiąclecia. Bronił prześladowanych, krytykował niesprawiedliwe rządy.*

▲ *W latach 70. Polacy otrzymali paszporty i mogli wyjeżdżać za granicę. Dotąd obywatele innych krajów socjalistycznych, poza Jugosławią, nie mieli takiego przywileju.*

TRUDNE LATA

A TO CIEKAWE
„Solidarność" była w roku 1981 największym związkiem zawodowym świata. Liczyła około 10 milionów członków.

▶ *Podczas stanu wojennego obowiązywała godzina policyjna. Nie wolno było chodzić po ulicach od godziny 22 do 6. Strajki i manifestacje były zabronione, a porządku pilnowało wojsko.*

POJAZDY OPANCERZONE
stały na ulicach

ŻOŁNIERZE
legitymowali przechodniów

Ponieważ władze nie przestrzegały „porozumień sierpniowych", strajki trwały przez cały 1981 rok. 13 grudnia generał Wojciech Jaruzelski, sprawujący najwyższe godności wojskowe, państwowe i partyjne, wprowadził stan wojenny. Sytuacji nie opanowano. Nadal spadała produkcja, brakowało żywności, wzrastały ceny. Mimo internowania tysięcy działaczy „Solidarności" protesty społeczeństwa nie ustawały. Często dochodziło do walk ulicznych między milicją* a manifestantami.

Zniesienie stanu wojennego (grudzień 1982) i rozpoczęcie przez PZPR reform gospodarczych nie poprawiło sytuacji. Dopiero obrady „okrągłego stołu" (1989) i dopuszczenie do udziału we władzach państwowych opozycji doprowadziły do przełamania kryzysu. W Polsce skończył się komunizm. Wprowadzono demokrację i zasady gospodarki rynkowej.

KIM BYŁ
***Wojciech Jaruzelski** (ur. 1923), generał, działacz PZPR, prezydent Polski. Podjął decyzję o wprowadzeniu stanu wojennego.*

Mięso 500 g 1989-8	Mięso 300 g 1989-8	Mięso 300 g 1989-8	Mięso 300 g 1989-8
M-I			Mięso 200 g 1989-8
Rezerwa 3 1989-8	Woł.. Ciel. z kością 300 g 1989-8	Woł.. Ciel. z kością 400 g 1989-8	Mięso 200 g 1989-8

W latach 80. Polacy chodzili po zakupy z kartkami. Uprawniały one do nabycia określonej ilości mięsa, cukru, papierosów itp.

Nawet mając kartki, trzeba było czekać w długich kolejkach, aż towar zostanie przywieziony do sklepu. Po mięso stało się kilka godzin, po meble czy telewizor… kilka tygodni.

Wybory do sejmu w 1989 r. przyniosły wielkie zwycięstwo „Solidarności". Jej członek, Tadeusz Mazowiecki, został pierwszym premierem III Rzeczypospolitej.

KIM BYŁ
Lech Wałęsa (ur. 1943), przewodniczący „Solidarności", laureat Pokojowej Nagrody Nobla. W latach 1990-1995 prezydent kraju.

KOKSOWNIK – piec z metalowych prętów; ogrzewali się przy nim żołnierze

CO TO ZNACZY
„Okrągły stół" – tak określa się rozmowy o warunkach współpracy pomiędzy władzami PZPR a opozycją; nazwa pochodzi od kształtu stołu, przy którym się odbywały.

▲ 4 czerwca 1989 r. odbyły się pierwsze w powojennej Polsce częściowo wolne wybory parlamentarne. „Solidarność" wydrukowała własne plakaty wyborcze.

*milicja (obywatelska) – w Polsce Ludowej odpowiednik policji

Spis ilustracji

Objaśnienia skrótów:
BJ – Biblioteka Jagiellońska w Krakowie
BN – Biblioteka Narodowa w Warszawie
BU – Biblioteka Uniwersytecka w Poznaniu
BUWr. – Biblioteka Uniwersytetu Wrocławskiego
CMM – Centralne Muzeum Morskie w Gdańsku
MHG – Muzeum Historii Miasta Gdańska
MHP – Muzeum Historii m. Poznania
MHW – Muzeum Historyczne m. st. Warszawy
MNK – Muzeum Narodowe w Krakowie
MNP – Muzeum Narodowe w Poznaniu
MNW – Muzeum Narodowe w Warszawie
MNWr. – Muzeum Narodowe we Wrocławiu
MWP – Muzeum Wojska Polskiego w Warszawie
TiFC – Towarzystwo im. Fryderyka Chopina w Warszawie
ZKW – Zamek Królewski w Warszawie

Na okładce I zamieszczono następujące fotografie i ilustracje:
ilustracja centralna – wydanie wyroku śmierci na biskupa Stanisława przez Bolesława Śmiałego, il. Marek Szyszko;
od lewego dolnego rogu – wojownik konny piastowski – drużynnik, X-XI w., il. Marek Szyszko; szlachcic w stroju narodowym, il. Marek Szyszko; Krak, legendarny król, pogromca smoka (portret imaginacyjny), il. Marek Szyszko; naczynie (Żerków, pow. Jarocin) i monety (Węgierskie, pow. Środa), XI w., Muzeum Archeologiczne w Poznaniu, fot. Klaudyna Kucharska; Cristoph Maucher, szkatuła gdańska z bursztynu, ok. 1680 r., Muzeum Zamkowe w Malborku; szyszak wielkopolski, X-XI w., Muzeum Archeologiczne w Poznaniu, fot. Krystyna Gburek-Gulczyńska; model galeonu Smok, CMM, fot. Ewa Meksiak; wilkom (1651) – scena przedstawiająca szewców poznańskich, MHP, fot. Mirosława Cieślawska; mamut, il. Marek Szyszko; J. Köhler, insygnia królewskie Augusta III: korona, srebro złoc., szkło, Drezno 1733, MNW, fot. Teresa Żółtowska-Huszcza; bitwa pod Grunwaldem, il. Marek Szyszko; zbroja perska z czterema lustrami, MWP, fot. Mirosław Ciunowicz.

Na okładce IV zamieszczono następujące fotografie i ilustracje:
ilustracja centralna – bitwa pod Beresteczkiem, il. Marek Szyszko;
od lewego dolnego rogu – oblężenie Jasnej Góry przez Szwedów, il. Marek Szyszko; koncert Fryderyka Chopina, il. Marek Szyszko; J. Köhler, insygnia królewskie Augusta III: jabłko, srebro złoc., szkło, Drezno 1733, MNW, fot. Teresa Żółtowska-Huszcza; pitekantrop, il. Marek Szyszko; granaty ręczne: filipinka, sidolówka (od lewej), MWP, fot. Mirosław Ciunowicz; samolot liniowy PZL-23B Karaś, il. Jacek Przybyłek; sygnet ze złota i karneolu herbu Rudnica i Następ, MNK, fot. Marek Studnicki; Władysław I Herman, wg Jana Matejki, il. Iwona Pociecha; kufel ze scenami z życia proroka Eliasza, Fundacja XX Czartoryskich, fot. Marek Studnicki; patena kielicha Konrada Mazowieckiego – reprodukcja, Skarbiec Katedralny, Muzeum Diecezjalne w Płocku; żołnierz piechoty Księstwa Warszawskiego, il. Marek Szyszko; armata, XVII w., MWP, fot. Mirosław Ciunowicz.